換個工作，更好嗎？

用科學數據
找到幸福最大化的
職業

鈴木祐 著　謝敏怡 譯

給對未來的職涯感到不安的人——

本書將以科學證據為基礎，
具體說明如何為沒有正確答案的「職涯選擇」，
找出解答。

先來確認一下自己的現況吧。

<你是否有這樣的迷思呢？>

///選擇工作時容易犯下的七大迷思///

□迷思 1：把興趣當飯吃

□迷思 2：依薪水高低來選擇

□迷思 3：依產業和職務來選擇

□迷思 4：依工作內容輕鬆與否來選擇

□迷思 5：依性向測驗的結果來選擇

□迷思 6：依直覺來選擇

□迷思 7：尋求符合性向的工作

<你符合了幾個項目呢？>

///讓工作產生幸福感的七大美德///

□美德 1：自由　工作內容和方式有自主權

□美德 2：成就　感覺自己在進步

□美德 3：聚焦　符合自己的工作動力

□美德 4：明確　任務、願景和評價基準明確

□美德 5：多樣　工作內容多元

□美德 6：夥伴　組織內有願意幫助自己的朋友

□美德 7：貢獻　了解自己對社會有何幫助

＜你中了幾個項目呢？＞

黑心職場共通的八大惡事

□第 1 名：工作與生活失衡

□第 2 名：工作不穩定

□第 3 名：工作時間長

□第 4 名：輪班制

□第 5 名：工作沒有自主權

□第 6 名：無任何支援協助

□第 7 名：組織內不公平的事太多

□第 8 名：通勤時間長

目錄 CONTENTS

推薦序

沒有最好的工作，只有適不適合的問題

Yale

做自媒體這幾年來，常常收到追蹤者來信抱怨自己的工作。

抱怨自己的工作薪水太少，沒有未來。

抱怨自己的主管很菜，是嘴巴張很大的豬頭。

抱怨自己的老闆老套，新的意見都聽不進去。

其實這些問題的背後，都是觀察力不夠和不夠了解全情。

如何找到好工作這個問題，似乎很多人問，但沒有人能夠具體給你一個答案。

因為事實是，大部分的人都沒有答案。

多數的人都在做自己不喜歡的工作。

這本書推薦給想要有一份「適合」自己的工作的人來閱讀。

我使用「適合」而不是「最好」，是因為我相信沒有最好的工作，只有適不適合自己的。

（本文作者為《加速你的 FIRE 人生》作者）

推薦序

面對人生大事，我們需要更全面的思考

歐馬克

我從小就愛聽廣播，很幸運地十八歲就通過甄選進入電台當ＤＪ，後來開始做廣告配音、金鐘司儀、脫口秀，這些都是與聲音相關的事情。最近這幾年，我推掉了許多職涯分享的演講邀約，很多人想聽怎麼把興趣當飯吃的勵志故事，但是其實，套句《呆伯特》漫畫作者史考特．亞當斯的話：「我會說是運氣。」

我的經歷只是碗心靈雞湯，也許能夠在演講中施放兩個小時的煙花，但是沒辦法複製到其他人身上，無法排解徬徨，甚至徒增迷惘。

關於工作該如何選擇，我們會聽到許多彼此互相矛盾的老生常談：「要對工作有熱情」vs.「別把興趣當飯吃」；「錢多事少離家近」vs.「工作要有挑戰性」。每個觀點的背後都有它的道理，最終還是得回歸到「你」；你是什麼樣的人，你擁護什麼樣的世界觀和價值觀。性向測驗可以幫助我們了解自己，但是性向測驗的結果並非鐵板一塊，因爲我們會轉變、會成長，對事物與對自己的認知時時在調整。本書作者提到的「調節聚焦理論」，把人分成「促進型」和「防禦型」，促進型適合尋找能感受到進步和成長的工作，而防禦型則適合尋找能獲得安心感和穩定感的工作。但實際上，在做工作抉擇時，不管個性是哪一型，成長與安穩，我全都要啊。

爲什麼會徬徨困惑，常常是因爲我們對自我的認識不清，因爲我們太貪心而不願放棄。這本書提供了許多分析法，幫助我們釐清自己的思緒，並對內在價值偏好做出排序。當我們能夠清楚看到自己在意的事情，並對它們排出優先順序，就不會再像個無頭蒼蠅，對人生缺乏掌控感與不確定。

如果你正在爲職涯徬徨而拿起了《換個工作，更好嗎？》這本書，別只是看過去，也別只是做做書中的評分量表，就覺得自己有參與有動腦了。找個安靜的地方，拿出紙筆，好好照著書中的「AWAKE」步驟，製作清單，運用分析法釐清腦中的毛線球，同時注意覺察偏誤，藉由書中的技法讓自己的頭腦更清明，相信你一定可以做出更好的決定。

「換個工作，更好嗎？」「換個情人，更好嗎？」「換個房子，更好嗎？」人生中的大事，都可以運用本書提供的方法，幫助自己有更全面的思考。

（本文作者爲飛碟電台DJ）

前言

最好的工作，就是適合你的工作

把興趣當飯吃、選擇安定的產業、自由接案才是最棒的工作型態；要到可以學東西的公司工作、要能發揮所長的職業才好……

社會上有許多像這樣的職涯發展建議，每種都有一定程度的說服力。不少人應該覺得困惑，不知道該相信哪個才好。

然而，這些建議都有個問題，那就是，**大部分的建議都只是依據個人的經驗和偏好**。

做自己喜歡的事而成功的人，主張把興趣當飯吃；偏好穩定的人，讚揚公務員式的工作；玩股票有成的人，鼓勵積極投資；寫部落格賺大錢的人，就推薦成為部落客。這些建議在某種程度上的確可以參考，但誰也沒辦法保證照做就一定會成功。

但我們難道只能單打獨鬥，靠自己克服人生的大風大浪嗎？只能用肉身跟充滿不確定性的未來搏鬥嗎？

當然不是。

所幸，自一九九〇年開始，組織心理學與正向心理學等領域開始研究「職涯選擇」，提供了準確度相當高的答案。什麼樣的工作能爲你帶來幸福呢？爲了做出正確的人生選擇，我們又該怎麼做？這些問題，其實某種程度上，已經可以用量化的數字來回答了。在現代社會想找一份適合自己的工作，一定要運用偉大前人所累積下來的智慧。

話雖如此，統計數據說到底，其實只是一種概略掌握人生圖像的工具。想找到適合自己、帶來幸福的工作，只能在每天的日常生活中不斷地嘗試錯誤。

也就是說，想把本書介紹的研究成果運用在現實生活，就必須建構出一套符合你的價値觀、生活態度，選擇適合工作的方法。本書將說明具體的建構方法，希望在充滿不確定的未來人生道路上，能爲你提供一些指引。

序章

選擇最佳工作的方法

STEP 0 Prologue

「不去看應該看的地方，
會遺漏所有重要的訊息。」

柯南・道爾（1859 年～1930 年）
英國作家
Arthur Conan Doyle

爲什麼我們會選錯工作？

職涯的後悔就是人生的後悔

「爲什麼找不到更好的工作呢？」

「那種公司應該早點離開才對……」

這兩句話看起來都像是換工作失敗的社會人士吐露的心聲，但這些其實都是出自近百歲的老人家。二〇一二年康乃爾大學詢問一千五百位老人：「人生中感到最後悔的事情是什麼？」大部分的人都回答，對自己選擇的工作感到後悔。

世界各地都有相似的研究，結論也都大同小異。許多老人都回答「太過重視工作」「太努力工作而犧牲了家庭生活」等，這些似乎展現了我們工作與生活密不可分的民族性。

其他的遺憾還有「未能珍惜友情」「未能把握珍貴的時間」「壓抑自己的情感」

等，但數量也沒有做錯職涯選擇的後悔多。

例如，爲了升遷出賣良心而被同事討厭、長時間工作弄壞身體、逃避辛苦的工作等。

許多老人到了人生即將謝幕的階段，仍然對自己的職涯選擇感到後悔不已。

年輕世代對工作的選擇，煩惱當然也不會比較少。日本勞動部以八萬五千人爲對象的調查顯示，有超過三成的人（包含大學畢業者）會在進公司三年以內離職。如果離職是正面積極的選擇可能還好，但是細看各項數據可以發現，「實際的工作內容跟想像有落差」是離職動機的前幾名，也就是說，選錯工作占了最多。

此外，依據歐美和亞洲圈約兩萬件的調查顯示，透過獵人頭公司跳槽到其他公司擔任管理職或儲備幹部的人，有四成會在一年半之內遭到解雇，或是發現工作不適合而選擇自願離職。

爲什麼我們這麼不擅長做工作選擇呢？爲什麼在影響自己未來的大事上，有這麼高的機率做出錯誤的判斷呢？

求職和轉職失敗，有七成是因爲目光短淺

讓我們從哈佛商學院的研究來思考求職、轉職失敗的根本原因。此研究訪談了世界四十個國家、超過一千人的獵人頭公司和人資部門的主管，除了分析受訪者經手過的轉職實例之外，還尋找了因爲換工作而無法發揮與過去同等表現，或是人生滿意度因此下滑者的共同點。也就是說，這項研究主要是在調查，找不到好工作而感到後悔的人的共通處。

調查結果結論如下：

- **求職和轉職的失敗，約七成是目光短淺所造成**。

目光短淺指的是，只關注事物某一個面向，完全無法考量其他可能性。

舉例來說，調查結果當中，最多的失敗類型是「沒有做事先調查」。

一般來說，選擇工作時進行全面性的調查是非常理所當然的。如果有朋友說「我憑直覺選了下一間公司」，任何人都會建議他應該再多做點調查吧。

但是輪到自己的時候，不知爲何我們卻容易怠惰，不做充分的調查。

獵人頭公司在訪談中就提到，會對新公司提出「業績是怎麼估算的？」「工作具有多少自主權？」這類疑問的求職者少之又少。他們是覺得自己已經取得充分的資訊了，還是以爲自己選的道路正確無誤呢？我們無從知曉。但很多人在選擇適合的工作這件人生大事上，出乎意料地似乎無法將眼光放得寬遠。

再怎麼優秀的人，也會有目光短淺的時候

哈佛商學院的研究團隊，提出了三個目光短淺的類型。

◎因為錢比較多

此類型的人眼中只有錢，會因爲薪資高而決定跳槽。收入增加是好事，但因爲跳槽而失去前一份工作所建立的人脈，這類情況不時可見。

少的。

◎因為逃避而換工作

此類型的人對工作現況感到不滿，因此不斷跳槽，但換工作並非爲了將來打算，而只是逃避現實。他們沒有想到，其實可以試著改善公司，因此收入最後常常是減少的。

◎過度自信，或是過度沒自信

這種類型的人對自己的評價極高，因此常誤以爲「我在任何公司都可以如魚得水」「現在的公司很有問題」等，而忽略有可能是自己的問題，或是不懂得珍惜現況。又或是因爲過度沒自信，覺得自己配不上公司，而失去了大好機會。

不管是哪種類型，都只關注在找工作時的部分要點，遺漏了其他可能的選項。腦中只有非黑即白二擇一的選擇，無法思考其他更好的可能性。

因爲目光短淺而做錯選擇的現象常出現於各種場景，頭腦再好的人也無法避開這個問題。

俄亥俄州立大學以頂尖企業的執行長和營運長爲對象，針對他們所做的約一百六十八項選擇進行調查，確認「是否應採用新的商業模式？」「是否要吸收其他公司的優秀人才？」等決策結果。

調查結果相當驚人。做決策時（像是「是否要去挖掘優秀的人才」「是否要採用新的設計」等），只有二九％的商務人士，會仔細評估三個以上的選項，大部分的人都只進行二擇一的思考。

二擇一那麼隨便的決策方式，當然做不出好選擇。根據數據顯示，相對於二擇一有五二％的決策失敗率，在三個以上的選項當中做決定，失敗率可降到三二％。

從這些研究中，我們可以學到一件事。

•找工作時應該要思考得更周到、更全面。

這個結論看似沒什麼，但如同上述，許多人就連找工作時也目光短淺得驚人。換句話說，只要實踐本書介紹的用科學選擇好工作的思考方法，便可大幅降低職涯失敗的機率。

人的大腦不擅長選擇職業

為什麼面對選擇職業這種重大抉擇時，我們的眼光會變得狹窄呢？

很幸運的，近年來有不少與選擇職業相關的研究，針對這個問題，許多論文都提供了答案。總結各種見解，有兩大原因使我們做出錯誤的職涯選擇。

①人的大腦並未安裝選擇職業的「程式」。

②人的大腦有會讓我們選錯工作的「程式錯誤」。

首先，我們人類根本不具備選擇適合自己的工作的能力，因為選擇職業是進入現代社會之後才出現的問題。

人類歷史的大半期間，人類的生活根本沒有選擇職業的自由。比方說，如果生於史前時代，你只能作為部落的一員，把精力都花在狩獵上；如果生於王朝時代，就依循著世襲制的機制，繼承家業；如果生於中世紀的歐洲，你有很高的機率一輩子都是農奴。一直要到十九世紀，歐洲功績主義興起之後，人類才得以選擇職業。

因此，人類的歷史有九成以上的時間，根本不需要煩惱選什麼工作。

也因為如此，人類的大腦並未演化出適切處理「未來多種可能性」的能力。

大學畢業後要繼續升學嗎？要為了實現小時候的律師夢，繼續深造嗎？還是在老家找一份穩定的工作比較好呢？或是說，應該把興趣當飯吃，存錢準備創業呢？

我們的大腦尚未適應現代的煩惱，因此面對大量的選項時，大部分人會出現不安和焦慮的情緒。

尤其近來終身雇用制瓦解，「人生百歲時代」和「沒有標準的時代」等言論出現；隨著年齡增長，有多個工作經驗在未來將是理所當然。好不容易找到合適的工作，卻未必能持續做下去，當必須依據人生不同的階段不斷思考職涯的社會風氣越來越強時，我們當然會越來越感到疑惑。人類現在所面臨的狀況，就像是把一個小孩，丟到他不曾去過的陌生地方一樣。

另一個問題則是，人類的大腦有「程式錯誤」的問題。每個人的大腦天生都有大量的程式錯誤，使我們在做人生重要的選擇時，有很高的機率犯錯。這部分將於第四章詳細說明。

偏見、成見、認知扭曲、不理性……程式錯誤有各種不同的名稱，無論哪一種，都是人類大腦與生俱來的錯誤，使我們在關鍵時刻不斷犯下相同的錯。讓我們來看看幾個求職的失敗例吧。

◎**「只透過一間人力仲介或一位朋友的介紹就決定換工作，結果進入一間企業文化跟自己完全合不來的公司。」**

只依據可輕鬆取得的資訊做決定，是人類典型的程式錯誤之一。人的大腦會盡可能避免做困難的決定，學術上將這種心理傾向稱爲「可得性捷思」。

◎**「明明新公司跟自己合不來，卻認為再換下個工作，情況也未必會改善，而選擇繼續待著，不願意離開。」**

明明改變現狀比較好，卻覺得維持現狀就好，是人類常見的心理。這叫作「維持現狀偏誤」，是人們錯過好工作的常見原因。

◎**「在進入理想的公司之前，一切都很美好，但隨著時間經過，開始覺得是不**

是有其他更好的工作。」

就算找到再怎麼理想的工作，喜悅感也不可能一直維持下去。儘管如此，大部分人在夢想實現之後，依舊抱有極高的期望，因此挫折感就越大。這叫作「衝擊偏誤」，是程式錯誤的一種。

要完全預知求職或創業後會有什麼發展，當然是不可能的，而且很多時候是不實際做做看，根本無法知道眞實情況會是怎樣。但另一方面，只要稍微增加事先調查或分析的數量，就可以大幅降低這些錯誤發生的機率。程式錯誤是耽誤未來的主要問題之一。

以上述的要點爲基礎，**本書的目標是提升各位找工作時的精準度，提高做出正確職涯選擇的機率，最後盡可能減少人生中的後悔**。

有些人可能會期望從本書學到，怎麼找到穩定的工作或賺錢的工作，或是學會面試和展現自己這類能夠立即見效的技巧，但本書處理的是更根本的問題。

• 怎樣才能做出比較不後悔的決策？

- **什麼樣的工作方式能讓我們獲得真正的喜悅？**
- **「人生的選擇」這種沒有正確解答的煩惱，該怎麼找出答案？**

若不去處理這些基本的問題，再多的職涯建議都只是空談。不去探求「人」的根本運作機制，而只是尋求眼前問題的答案，就跟不去尋找生病的原因，卻不停服藥或吃保健食品是一樣的意思。

「AWAKE」五步驟，讓你做出正確的職涯選擇

我們該怎麼樣才能做出正確的職涯選擇呢？如何才能克服人類天生的缺陷，做出較正確的決策呢？

在撰寫本書的過程中，我身為科普作家，閱讀了十萬份的科學論文，訪談了超過六百位海外學者與專科醫師，從中精心挑選出與職涯選擇、人類幸福及決策相關的內容。此外，作為補充，我也蒐集了國內外數千篇組織心理學和經濟學等領域的論

文，訪問了約五十名研究人類幸福與決策的權威專家，想了解如何選擇適合的工作。

為了幫助大家理解，這裡將「適合的工作」定義如下：

．可以將幸福最大化的工作。

換句話說，適合的工作指的就是，藉由完成每天的任務，能夠提升生活滿意度，感到喜悅增加、悲傷或憤怒等負面情感減少的工作。一般來說，大家對「適合的工作」的印象，只是能夠發揮才能和做自己喜歡的事，但本書不採用這樣的定義。

之所以會有「不知道自己適合什麼工作」「擔心在新公司會被欺負」「想做自己喜歡的工作，卻遲遲拿不出勇氣」等煩惱，追根究柢，背後其實都有著「不希望人生不開心」「想過得快樂幸福」的欲望。就算進入理想的公司、選擇了能發揮才能的工作，如果做起來不開心，再好的公司或工作也沒意義。

因此本書從眾多資料中，挑選出對選擇幸福的工作非常有幫助的技巧，融會貫通各家見解，將之系統化為五個步驟，如下。

◎步驟一：從幻想中清醒（Access the truth）

在開始尋找幸福的工作之前，先驗證坊間職涯建議的眞假，讓自己從選擇工作時容易深陷的幻想中清醒過來。具體來說，在這個階段，我們要確認「把興趣當飯吃」「找符合性向的工作」這類主張的正確性。

◎步驟二：拓展未來（Widen your future）

了解眞正能讓人感到幸福的工作是什麼，釐清讓我們做出錯誤職涯選擇的主因爲何。開拓選擇工作的視野，是此步驟最大的重點。

◎步驟三：除害（Avoid evil）

在步驟二之後，接著要思考的是什麼樣的職場環境會讓人不快樂，了解有哪些方法能幫助我們盡可能地除去人生障礙。這邊會介紹幾個工具，幫助你從人生的衆多選擇中，挑選出最佳選項。

◎步驟四：察覺偏誤（Keep human bias out）

步驟四是找出讓人類大腦發生異常的「程式錯誤」，確認自己的決策有無錯誤。在此階段，我們將學習「事前驗屍法」和「第三人稱轉職筆記」等方法。

◎步驟五：重建工作價值（Engage in your work）

最後釐清你的工作選擇有多正確，以及要有多少成就感才夠等問題，藉由「工作滿意度」和「工作形塑」等技法，提升每一天的幸福感。

本書取上述步驟的英文首字母，縮寫爲「AWAKE」（覺醒）。只要順著上述「AWAKE」的步驟，就能夠**促使你覺醒，讓你的人生選擇接近正確答案，找到真正幸福的工作**。

但即使如此，也未必一定要從步驟一開始，可以視情況，從合適的步驟做起。如果你已經把下一份工作的候補名單篩選得差不多，可以從決策工具著手；如果你煩惱「現在這間公司繼續待著好嗎？」的問題，直接跳到步驟五「工作滿意度」的地方開始也行。

總而言之，使用「AWAKE」最大的目的在於：

①提升決策的精準度，選擇正確的工作。

②透過正確的工作，提高人生的幸福感。

只要沒有弄錯最終目的，實踐「AWAKE」可以讓你的人生確實往好的方向前進。

那麼，就讓我們進入第一個步驟吧。

AWAKE 5 步驟

1 從幻想中清醒
Access the truth

2 拓展未來
Widen your future

3 除害
Avoid evil

4 察覺偏誤
Keep human bias out

5 重建工作價值
Engage in your work

第一章

從幻想中清醒

——選擇工作時的七大迷思

STEP

1

Access the truth

「要找到比二十多歲時
有錢十倍的六十歲人很簡單，
但是卻沒有人說，
自己比二十歲的時候幸福了十倍。」

蕭伯納（1856 年～ 1950 年）
愛爾蘭劇作家
George Bernard Shaw
Dramatist, Ireland

找工作時容易深陷的幻想

賈伯斯眞的把興趣當飯吃嗎？

「你們得找出自己喜愛的事，工作如此，愛情也是如此。工作將占據你大部分的人生，唯有做你眞心相信這是份美好的工作，才能獲得眞正的滿足；而唯有做自己喜愛的事，才能愛自己的工作。如果你還沒找到你喜愛的事，請繼續尋找。」

這是已故的蘋果電腦創辦人賈伯斯，在二〇〇五年史丹佛大學的畢業演說中最著名的一段話。那可以說是將「把興趣當飯吃」的概念遠播各地，傳奇般的演說。

這段話非常激勵人心，卻有一個非常大的難點：賈伯斯自己也不完全是因爲興趣，才走上電子業這條道路的。

賈伯斯的確從小就展現出對科技方面的天分，但是他之所以踏入電子業，其實是因爲在雜誌上看到「輕鬆賺大錢」的廣告。而且比起科技產業，賈伯斯對靈修更感興趣，他還爲此辭去在雅達利公司的工作，到印度展開修行之旅。賈伯斯創立蘋果公司也不是因爲喜愛電子業，而是看到沃茲尼克（蘋果電腦共同創辦人）發明蘋果電腦「Apple 1」的錢景。

如果賈伯斯眞的把興趣當飯吃，他應該會成爲一位靈修導師才對。賈伯斯熱愛蘋果公司的工作是不爭的事實，但那應該不是一開始就計畫好的。

相似的例子非常多，如果歷史上的偉人都把興趣當飯吃，梵谷應該終其一生都是神職人員；可可．香奈兒會持續在歌壇努力，但始終紅不起來；拿破崙恐怕會是一名沒沒無聞的小說家吧。以個人經驗或喜好爲依據的建議，可以找到許多例外，如前面也提到的，再怎麼偉大的成功人士所提供的建議，也未必一定適合你。

找工作時的七大迷思

在這充斥著成功人士經驗談的世界，我們該如何做出正確的選擇呢？我們該怎麼從充滿主觀感受的各種建議當中，尋找能夠將幸福最大化的工作呢？

在這種情況下，要做的第一件事是，**了解找工作時任何人都會犯下的典型錯誤**。只要事先掌握大部分人常犯的錯誤，至少可以預防自己犯下大錯。

找工作時，容易犯下什麼樣的錯誤呢？目前有許多研究，針對跟幸福無關的工作因素，提供了可信度很高的答案，總結來說有以下七個。

①把興趣當飯吃。
②依薪水高低來選擇。
③依產業和職務來選擇。
④依工作內容輕鬆與否來選擇。
⑤依性向測驗的結果來選擇。
⑥依直覺來選擇。
⑦尋求符合性向的工作。

每一個建議都很常見，但很可惜的，這些全都是找工作時的大忌。那樣做，短時間內或許可以為你帶來喜悅，但長期來看，那些建議跟人生的滿意度一點關係也沒有，而且搞不好還會害到你。這也就是找工作時的「七大迷思」。我們就按照順序，一一戳破讓人產生幻覺的泡泡吧。

【迷思一】把興趣當飯吃

把興趣當飯吃不會比較幸福

「要把興趣當飯吃！」

這應該是現在最常聽到的職涯建議吧。如前述，這個概念因爲賈伯斯的演說而紅遍各地，但其實很久以前就有類似的說法。早在西元前五世紀，孔子就曾說過「知之者不如好之者，好之者不如樂之者」，要讓自己樂在其中。

大部分人很難不被這樣的建議給吸引。

國際顧問公司蓋洛普針對一百三十九個國家的企業進行調查，其中只有六％的日本人回答「我對工作充滿了熱情」，而回答「覺得工作沒價值」的人卻高達七〇％，此調查數字讓日本在當時排名一百三十二名，位居全球末位。因此，人們會出現把興趣當飯吃、對工作感到滿足的想法是很正常的。

然而，只要把興趣當飯吃，就可以解決所有的問題嗎？其實沒那麼簡單。許多跟職業相關的研究都顯示，**幸福感的高低，跟是不是做自己喜歡的事無關**。

二〇一五年密西根州立大學以「把興趣當飯吃的人眞的幸福嗎？」爲主題，進行了大規模的調查。這項調查研究訪談了數百種職業的從業人員，調查對工作的觀點是否會對個人的幸福帶來影響。

研究團隊將受試者的「工作觀」，分爲兩個類型。

- **適合型**：此類型的人認爲把興趣當飯吃很幸福，有很高的機率會回答「薪水少沒關係，想做能滿足自己的工作」。
- **成長型**：此類型的人認爲工作做久了就會習慣，有很高的機率會回答「工作不開心沒關係，錢多就好」。

適合型的人看起來似乎比較幸福，只要做自己熱愛的工作，每天就很快樂。比起爲了錢而工作，這種人對人生的滿意度好像很高。

但結果卻出乎意料。**適合型的幸福度，只有剛開始時比較高，從長遠來看，一到五年後再次比較兩者，成長型的幸福度、年收入和事業，都比適合型高。**

研究團隊表示，適合型擅長找到自己能投注熱情的職業，但實際上也有無論什麼都不喜歡的一面。

即使再怎麼喜歡一份工作，現實中還是會遇到許多必須錙銖計較的事或人際衝突等麻煩。當追求喜歡的工作的期望越強烈，越容易與現實產生落差，部分適合型的人就會產生「我眞的喜歡現在這份工作嗎？」的疑問，最後導致幸福感下降。

另一方面，成長型的人對工作沒有先入爲主的觀念，因此抗壓性強。對工作本來就不抱有太大的期望，所以遇到有點麻煩的問題，也能以「工作就是這麼一回事」的態度應對。

把興趣當飯吃，會阻礙你的成長

另一項劍橋大學所做的研究，也得到這樣的結論：把興趣當飯吃的人，工作都做不久。

這項研究針對在北美動物收容機構工作的人進行了訪談，研究團隊將受試者的工作型態分為三組。

- **把興趣當飯吃型**：這類型的人覺得「自己好喜歡這份工作」。
- **熱血型**：此類型的人認為「這份工作對社會有所貢獻」。
- **公私分明型**：他們認為「工作就是工作」，對每天執行的業務沒有特別的感覺。

之後，研究團隊追蹤了所有人的技能及人員流動率，發現最優秀的竟然是公私分明型。大家都會覺得，對工作充滿熱情好像比較好，但實際上，認為工作就是工作，沒有特殊情感的人，反而很快就能熟悉工作，也比較不會在短時間內離職。

造成這種結果的原因，就跟前面密西根州立大學的研究一樣。

做自己喜歡的工作，就算最初感受到喜悅，但現實不可能總是一帆風順。就算再怎麼喜歡那份工作，也一定會遇到客訴和免費加班這類麻煩事。

如此一來，越是把興趣當飯吃的人，越容易面臨「我是不是其實並不喜歡這個工作？」或是「我是不是根本不適合這份工作？」等疑問，工作的幹勁上下起伏大。結果，無法學會一門完整的技能，離職率也高。

對工作的熱情，與投注在自己身上的資源多寡要成正比

另一個跟把興趣當飯吃一樣耳熟能詳的建議就是，要找到能讓你充滿熱情的工作。任何人都有熱愛工作的火種，只要找到可以點燃熱情的天職就好。

說好聽點，找到天職是個美好的夢想，但是卻跟實際數據有出入，因爲所謂的天職，並不是找就可以找到，而是要自己慢慢培養的。

讓我詳細說明一下。二〇一四年德國呂訥堡大學向衆多創業者做了問卷調查，針對「你覺得現在的工作是自己的天職嗎？」「投入多少精力在工作上？」「每天

工作時都感到雀躍不已嗎？」等項目進行調查。

得到的結果如下：

- 現在的工作熱情和上一週投入的努力成正比。
- 過去投入越多努力，現在對工作的熱情就越多。

幾乎沒有受試者一開始就覺得自己的工作是天職。大部分人剛開始都是懵懵懂懂的，然後隨著時間不斷努力，對工作的熱情才越來越高，最後變成天職。

這個現象在工作以外的場合也很常見。假如你是藝術精品的收藏家，錢花得越多會越愛，怎樣也不願意放手。除此之外，人對花大錢買的電腦也越容易愛不釋手；樂器練得越久，就越喜歡音樂。其他還有很多相似的例子。

換句話說，讓你充滿熱情的工作，並不會在世上某個角落等著你前來尋找或犧牲奉獻。**你對工作有無熱情，取決於投注了多少資源在那上頭**。

喬治城大學的卡爾．紐波特教授訪談了認爲自己的工作是天職的人之後，得出了這樣的結論：

「找到天職的人，大半並未事先決定好他們的『人生目的』，他們的天職，幾乎都是偶然的產物。」

工作的種類和內容，並不影響你尋找適合的工作；反過來說，無論是什麼樣的工作，都有可能成爲適合你的工作。

眞正的天職是「做了才發現很有趣」的工作

從上述研究可以知道一個重點：熱情是後天培養出來的。對工作的熱情並不是指內心熱血沸騰的感覺，而是做了才發現很有趣，穩定發展的過程。

這種型態的熱情在心理學稱爲「培養熱情」（growth passion），此概念認爲眞正的熱情，是在做的過程中逐漸培養而成。

耶魯—新加坡國立大學的研究，爲培養熱情理論提供了最有力的數據。研究團隊以學生爲對象，調查所有人培養熱情的能力，並請他們閱讀闡明黑洞理論的艱澀論文。

研究發現，擁有培養熱情能力的人，對沒有興趣的事物也能認眞應對。熱情是做了之後產生的東西，這種想法越強烈的受試者，把晦澀難解的論文全部讀完的機率越高。

如果我們認爲熱情在內心等著覺醒，只要工作有點不如自己的意，就很容易覺得「不對，這不適合我」，而使內心受挫。

另一方面，假如我們認爲熱情是培養出來的，即使一開始覺得任務很難，也會覺得再做一陣子或許可以找到不一樣的可能性，遇到一點問題也不會放棄，而選擇持續努力。

做了才發現很有趣的態度，聽起來有點被動，但等待天職來找自己的人，或許才是眞正的消極式被動。

把興趣當飯吃和找到讓自己充滿熱情的工作，這些遭到許多實驗否定的建議，都不是提高人生滿意度的解決方案。即使是把興趣當飯吃之說的始祖孔子，在政壇上最後也是有志難伸，晚年甚至曾感嘆道：「我是不是到國外比較好……」

即使如此，這類建議並未消失的原因，或許是因爲有很多人買單。

會提出這種建議的人，當然也是一片好心，再加上把興趣當飯吃就會一帆風順的想法很直覺好懂，支持這類言論的人也因此越來越多。既然如此，不如不要給大家看眞實的數據，讓粉紅泡泡般的美夢持續下去，這樣才有生意可以做。

【迷思二】依薪水高低來選擇

用錢可以買到多少幸福？

有誰工作不是想賺錢的呢？用收入來選擇工作是很正常的事，總之先從薪水高的職缺開始找起的人，應該不少吧。

但這個觀點也有問題，因爲薪資多寡，跟我們的幸福度和工作滿意度幾乎沒有關係。

最具代表性的就是佛羅里達大學所做的統合分析。

統合分析（meta-analysis）指的是，整合過去多個研究數據，統整出一個大結論的研究手法。分析大量的數據，使分析的準確度提高，統合分析是衆多研究手法當中，最能在現階段找出接近正確答案的方法。

佛羅里達大學這項統合分析的研究，仔細回顧了八十六份以「金錢與工作幸福度」爲主題的文獻，使用美國、日本、印度、泰國等各種不同文化圈的數據進行分析。就金錢與工作幸福度的調查來說，這可以說是目前準確度最高的研究。

其研究結果如下。

・薪資與工作滿意度之間的相關係數只有「r＝0.15」。

相關係數是表示兩個數據關係的指標，相關係數越接近一，就越相關；一般來說，當相關係數爲〇．五以上時，就能判斷兩者爲相關。

舉例來說，大部分人都是順著自己與生俱來的個性採取行動，這應該是很理所當然的。就像個性內向的人，不會積極地參加派對；天生好奇心強烈的人，應該會經常到海外旅遊或是去看美術展之類的。

而個性與行動相關性的研究指出，個性與行動的長期相關係數爲〇．九。人依據自己的個性採取行動，這個看法不但是眞的，而且兩者還具有相當高的相關性。

跟這個例子相比，相關係數〇．一五就非常低，在統計學上可以說是幾乎無關。以口語一點的講法來說就是，高薪資的工作，雖然可以讓工作滿意度稍微提高一點點，但實際上沒有太大的意義。錢買不到幸福，這個古老的名言佳句，看來是有其科學依據的。

比賺大錢更容易獲得幸福的方法

讓我們再來看幾個比較的例子。

在經濟學的領域，曾多次針對金錢帶來的幸福，以及從人生中其他生活事件獲得的幸福進行比較。比方說，收入增加和結婚，哪一個讓我們比較幸福？

以下提供幾個具體的研究結果給大家看看。

- 跟感情良好的伴侶結婚的幸福度上升率，比收入增加所得到的幸福度多七六七％（與年收入從平均值增加到前一〇％的情況相比）。
- 健康狀況從普通改善爲良好時的幸福度上升率，比收入增加所得到的幸福度多六五三一％（與年收入從平均值增加到前一％的情況相比）。
- 離婚或失業導致幸福度下降的比率，跟年收入減少三分之二時幸福度降低的程度差不多。

也就是說，即使努力讓年收入成長到金字塔的頂端，所帶來的幸福度，也遠不及與伴侶結爲連理以及健康改善所帶來的喜悅。如果你的目標是從賺錢獲得幸福的話，不如先把資源投注在改善人際關係和健康，因爲那樣帶來的效果比較好。

年收入要多少才幸福？

應該不少人都聽過，年收入七．五萬美元（約台幣兩百一十五萬元）是幸福度最高極限的說法吧。

此事實因諾貝爾經濟學獎得主康納曼的研究而廣爲人知，研究調查了各種不同職務的年收入及其心理變化，發現當年收入達到台幣兩百一十五萬到兩百四十萬元左右時，幸福度就不再成長，呈現持平。這是世界各地都可以觀察到的現象，無論是美國還是日本，可獲得幸福的年收入金額上限並無太大差異。

這個數字呈現的意思是，賺超過這個水準，幸福度也不會再往上增加，也就是增加年收入可提升的幸福度最大值。但實際情況則是，幸福度應該在更早階段就無法再往上提升了。

比方說，二〇一九年日本內政部發表的「滿意度與生活品質之相關調查」，就以一萬人爲對象，比較家庭收入與主觀滿意度的變化。

- 未滿一百萬日圓：五．〇一分
- 一百萬日圓～未滿三百萬日圓：五．二〇分
- 三百萬日圓～未滿五百萬日圓：五．六八分
- 五百萬日圓～未滿七百萬日圓：五．九一分

‧七百萬日圓～未滿一千萬日圓：六．二四分
‧一千萬日圓～未滿兩千萬日圓：六．五二分
‧兩千萬日圓～未滿三千萬日圓：六．八四分
‧三千萬日圓～未滿五千萬日圓：六．六〇分
‧五千萬日圓～未滿一億日圓：六．五〇分
‧一億日圓以上：六．〇三分

家庭年收入從三百萬到五百萬日圓（台幣約八十萬到一百三十萬元）左右開始，滿意度上升的幅度就變得緩慢；當年收入到達一億日圓（台幣約兩千七百萬元）時，數值就不再有明顯變化了。雖然此調查的指標與康納曼的研究不同，無法直接進行比較，但由此可知，家庭年收入過了三百萬到五百萬日圓的水準之後，滿意度增加的幅度就突然緩慢下來。

此外，針對包含日本等一百四十個國家，計算收入與幸福度的相關研究，得到了以下的結論。

・年收入超過台幣一百到一百一十五萬元者，如果想讓幸福度提高五%，就必須增加一倍的年收入。

換句話說，如果你一年已經可以賺到一百萬元，就算年收入再增加一倍，可能也只能讓幸福度增加一點點而已。

現在台灣人平均年收入的中位數約為五十萬元（根據二〇一九年主計處公布的數據），還有成長空間，但各國的賦稅負擔率和通膨率不同，因此這些數值未必一定是正確的。而且嚴格來說，地區不同，生活費用也有所不同，都市和鄉下的成長上限值也會不太一樣。

即使如此，從廣義的角度來說，**當年收入達到台幣一百到一百三十萬元左右之後，我們的幸福度就很難再往上成長了**。以上提供給各位參考。

加薪的效果只能持續一年

用錢買不到（只能買到一點）幸福有兩大原因。

①錢增加到一定程度後，邊際效益下降。
②金錢帶來的幸福，由相對價值決定。

「邊際效益」是經濟學的概念，指的是隨著物品或服務的消費增加，可從中獲得的效益逐漸下降的現象。

這並不是什麼困難的概念，就像是你再怎麼喜歡的蛋糕，第一個吃起來眞心好吃，但連續吃第二個、第三個之後，很快就會覺得沒那麼好吃了，對吧？經濟學只是用了一個比較難的概念「邊際效益下降」來表現而已。邊際效益下降是任何文化圈都可以看到的現象，無論生活再怎麼奢侈，我們很快就會習慣，幸福度又會回到原本的基線。

此外，拿年收入來說，加薪帶來的幸福度上升效果，平均只能維持一年。

依據瑞士巴塞爾大學分析三萬三千五百筆年收入資料的結果顯示，大部分人加薪之後，幸福度會大幅提升，幸福感會持續上升約一年。然而，加薪可得到的效果只能維持一年，一年後幸福度便開始急速下降，過了三年後幸福度又會回到原本的水準。從薪資可以得到的喜悅眞的很短命。

而且從金錢獲得幸福還有一個問題，就是那個幸福是相對的。年收入增加帶來的喜悅，不是由薪資單上的絕對金額來決定，而是跟別人的薪水比較之後所決定。

比方說，如果你是百萬富翁，但周邊的人都是億萬富翁的話，幸福度就不會增加；假如你辛苦存錢買了一只高級手錶，如果朋友戴著更高級的手錶，你能夠從手錶得到的幸福感就會降低。這個現象在心理學稱爲「所得排名理論」，超過八萬筆的觀察研究都出現這個現象。雖然我們經常聽到「不要拿自己跟別人比較」這樣的忠告，但忍不住跟周遭的人比較，似乎是人的本性。

提出這些，並非叫大家不要看薪水找工作。如果條件完全相同，當然是選擇收入較高的工作。年收入在達到台幣兩百一十五到兩百四十萬元之前，幸福度都還可以勉強不斷往上增加，把資源投注在增加收入上，也是一種人生選擇。

但可能就像蕭伯納所說的，「要找到比二十多歲時有錢十倍的六十歲人很簡單，但是卻沒有人說，自己比二十歲的時候幸福了十倍。」只追求年收入增加的人生，邊際效益很快就會降低。

既然如此，就不要再爲了那幾個百分比的幸福度做得要死要活，不如滿足最低限度的生活需求，把空閒的時間花在興趣上，這也是一種生活方式。一切都由你自己決定。

【迷思二】依產業和職務來選擇

專家的預測準確度跟黑猩猩射飛鏢差不多

根據喜歡的產業和職務找工作，也是職涯選擇常見的現象。「未來金融科技應該會成長吧」「行動支付熱起來了」，像這樣選擇看似明日之星的產業，或是「覺得有點興趣」「感覺很有趣」等，依據個人興趣來選工作。比起衰退中的產業，持續成長、有未來的產業更讓人安心；比起沒興趣的職務，想做有興趣的工作也是理所當然。

但這種想法是錯誤的，理由有兩個。

①專家無法預測哪個產業的未來值得期待。

②人類無法預測自己的興趣會如何變化。

首先第一個問題是，專家的預測根本就不準。

產業的趨勢預測確實有一定的需求，只要稍微找找，就可以找到「成長中的產業和衰退中的產業」「鑑別有成長潛力的公司作爲投資參考」等各種資訊。全球知名顧問公司麥肯錫，以及英國牛津經濟研究院等機構的專家，他們對未來的預測影響著我們的心情。

但專家的預測，基本上都不準。**再怎麼有知名度的專家，其預測的準確度就跟**

擲硬幣沒兩樣。

這個主張最知名的，就是賓夕法尼亞大學的研究數據了。研究團隊於一九八四年到二〇〇三年間，請學者、評論家和記者等兩百四十八位專家，針對三到五年後的經濟、企業狀況和政治等進行預測。這是目前調查「專家預測是否正確」，準確度最高的研究。

研究最後收集了超過兩萬八千筆預測數據，全部彙整後發現，專家的預測準確率竟然不到五〇％。

該研究的作者菲利普．泰特洛克，用一句話比喻這種現象：「專家的預測準確度，就跟黑猩猩射飛鏢差不多。」我們就是這麼不擅長預測未來。

「十年後的工作就是這樣！」是眞的嗎？

於柯林頓和小布希總統時期擔任國防要務的林頓．威爾斯，也在二〇〇九年發表的文件中，諷刺了專家對未來的預測。

當時的美國國會，爲了掌握未來經濟與政治的狀況，投入大量的稅金，定期預測二十年後的未來。威爾斯對這樣的做法感到憤慨，他整理了一九〇〇年到當代的歷史潮流，指出預測未來是多麼的不準確。比方說：

- 一九八〇年左右，美國是史上最大的債權國，每個人都認爲這樣的狀態會持續下去。
- 到了一九九〇年代，美國淪爲史上最大的債務國。幾乎沒有人知道網際網路的存在，大家都認爲物質經濟依舊會繼續成長。
- 十年後，資訊和生物科技等領域發生了革命，產業預測變得更加不可能。

專家就連三年後的未來也無法預測，因此世上根本不可能有人能夠預測十年後的經濟與企業變化。現在聽起來可能有點讓人難以置信，但一九八〇年代到一九九〇年代期間，當時有許多專家都預測日本不久將成爲世界經濟的龍頭……

「十年後的工作就是這樣！」「未來的工作型態會變成這樣！」相不相信這些主張是個人的自由，但沒有人、也沒有任何方法，能正確預測未來經濟和企業動向，這是正確無誤的。

我們連自己的變化也無法預測

依據自己現在有興趣的產業和職務找工作，也是一個很大的問題。因爲就像專家無法準確地預測未來，你也不可能有辦法準確地預測自己的未來。

讓我們看看哈佛大學等機構所做的大規模調查。

研究團隊以一萬九千人爲實驗對象，首先調查他們喜歡什麼樣的人、興趣、職業等各種問題，然後問受試者兩個問題：

①「你認爲在今後的十年，你的價値觀和喜好會有多少改變？」

②「你認爲在過去的十年，你的價値觀和喜好改變了多少？」

比對這些數據可以發現，人的喜好是會發生變化的。從十八歲到六十八歲，無論哪個年齡的受試者，都低估了這十年內發生在自己身上的變化。

比方說，你十八歲時的夢想是開一間咖啡廳，但二十八歲時還是不是同一個夢想就不知道了，說不定到了二十八歲的時候，開始對市場行銷感興趣，但十年之後，卻迷上了過去沒有的新興產業。

受試者當中也有人持續追逐著小時候的夢想，但那樣的例子是少數。就像是長大後，想要去除年輕時的紋身；過去明明想跟伴侶廝守終身，現在卻想離婚，這種情況不斷發生，我們連自己的變化也無法正確預測。

心理學家將這樣的現象稱爲「歷史終結的幻想」。**大部分人都以為現在的價值觀跟喜好是最好的，否定過去發生的變化也可能會發生在未來**。

但現實世界其實也是以專家無法預測的速度快速變化著，你的喜好和價值觀也會因應世界的變化不斷改變。現在鎖定的產業和職務，幾年後非常有可能會後悔。

前面提到的林頓．威爾斯，他在遞交給國會的文件中，做了這樣的結語：

「雖然我們不知道未來會是怎麼樣，但現實跟我們想像的完全不同是很明確的。訂定計畫時，必須認識這個事實。」

【迷思四】依工作內容輕鬆與否來選擇

輕鬆的工作，死亡率高兩倍

誰都不喜歡辛苦的工作。如果可以的話，當然想選擇負擔較少的工作，這是人之常情。

每個月加班超過八十小時的高壓工作，當然有害無益。許多數據都顯示，工作壓力大的人，容易罹患腦中風或心肌梗塞等疾病，早死的風險高。所以，大家可能會覺得，輕鬆、沒有壓力的工作，做起來從容自若，表現也會比較好。

但是從幸福度來看，這樣的想法完全是錯的。**過度的壓力，的確會對身體造成不好的影響，但太輕鬆的工作，也會大大減少你的幸福度**。

實際上，過去多個研究顯示，公司裡職位越高的人，越健康且幸福。他們的工作明顯比身邊的部屬要來得多，卻不容易罹患感冒和慢性疾病，也不會感到疲憊，總是精神奕奕地工作著。

此外，英國一份以三萬名公務人員爲對象的研究報告顯示，在組織內地位最低的人，跟地位高且負責重要職務的人相比，死亡率高了兩倍。在人類以外的其他生物也可以看到這個現象，有研究就發現，棲息於肯亞熱帶草原的狒狒，工作量較少的個體，壓力荷爾蒙的量較多。看來工作負擔低，心情未必比較輕鬆快樂。

爲什麼有人因爲高負荷的工作而弄壞身體，有人卻因爲工作多而獲得幸福呢？原因何在？

適度的壓力能提高工作滿意度

「船如果沒有載貨，船身便不穩定，無法直直往前進。一定程度的憂慮和痛苦，是每個人都需要的東西。」

叔本華這段名言，指出了工作太輕鬆對身體不好的其中一個原因。壓力未必一定就是壞東西，因爲它也是讓我們幸福生活不可或缺的要素。

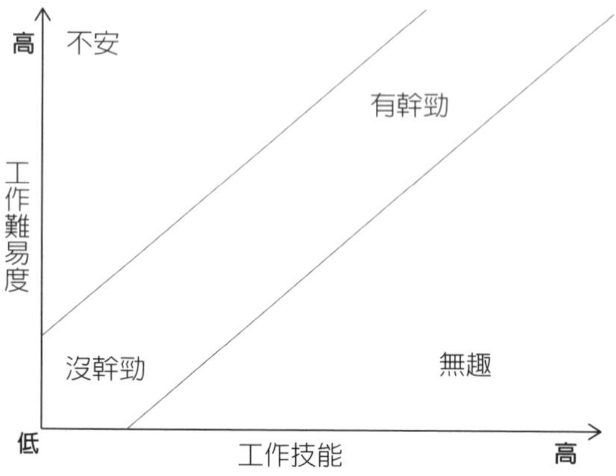

美國重要的軍事戰略研究智庫蘭德公司，回顧過去研究壓力的大量文獻，舉出三個「適度壓力」可以帶來的好處。

- **提高工作滿意度**。
- **改善對公司的認同感**。
- **降低離職率**。

如果壓力恰到好處，不但不會有問題，甚至還可以提高幸福感。

將這種現象視覺化之後，就會像上圖。做超出自己能力的工作，容易感到不安，損害健康；相反的，一點負擔也沒有的工作，容易感到無趣，同樣也會使幸福度下降。

換句話說，壓力就像是小提琴的琴弦。弦

拉得太緊，只會發出尖銳的高音；弦太鬆，只能拉出低沉的低音。想要演奏出美好的音色，就必須將琴弦調整到適當的鬆緊度。

也就是說，組織內地位較高的人之所以比較幸福，是因爲他們比地位較低者，更懂得調節壓力的鬆緊度。

在公司地位較高的人，他們擁有的自主權當然也比較大，能自由地控制工作進度。雖然工作內容的難度較高，但大多可以按照自己的步調進行，也不太需要勉強自己跟討厭的人相處。

然而，地位較低的人不但沒辦法隨便變更交期，也無法自由選擇工作的內容，自己能夠控制的範圍狹小，因此無法調節壓力，結果導致幸福度下降。大家聽到「升遷」，第一個可能想到加薪可以帶來幸福，但影響幸福度的其實是自主權。

想要幸福美好，好壓力不可少

總結來說，壓力就像是把雙刃劍，讓我們的幸福度上上下下地變化。在黑心企業工作，壓力會像慢性疾病一樣侵蝕身體，而太輕鬆的工作也會讓你陷入不幸。

如左頁的表格所示，好壓力和壞壓力是不一樣的。壞壓力會擾亂免疫系統，降低大腦的功能；而好壓力可以提高工作的動力，具有消除身體疲勞的功能。

壓力理論的創始者漢斯．塞利指出：

「我們不可以避開壓力，就像我們不會避開食物和愛一樣。」

就跟透過重訓和慢跑，給予適當的刺激和負荷來鍛鍊身體是一樣的，如果沒有適當的壓力，我們的幸福感不會成長。

	好壓力的特徵	壞壓力的特徵
期間	短 （幾分鐘或幾小時就結束）	長 （持續好幾天或好幾年）
對心理的影響	提升幹勁、短時間內提高注意力和記憶力	減少幹勁、短時間內幸福度降低
對大腦的影響	提高大腦的可塑性、改善認知功能	記憶力減退、難以理性地思考
對免疫系統的影響	修復身體的損傷	阻礙免疫系統的功能、引發慢性疾病
對心肺功能的影響	為了讓身體克服疲勞，體力會暫時上升	造成高血壓、心臟病、腦中風的原因

【迷思五】依性向測驗的結果來選擇

性向測驗跟算塔羅牌一樣

「你凡事追求完美嗎？」

「你不擅長開口請人家幫忙嗎？」

求職網站上經常可以看到這類問題，這是一種以九型人格理論（Enneagram）為基礎的性向測驗，目的是為不知道自己適合什麼職業而苦惱的人尋找合適工作。只要回答幾個問題就會顯示「你屬於學者類型，對知識有強烈的好奇心，適合能夠活用專業知識的工作」這類建議，為你提供今後職涯發展的方向。

其他如「RIASEC」和「麥布二氏人格測驗」等性向測驗，也都是求職時常見的內容。這些測驗都有具長久歷史的理論，且廣為大家所使用，但它們眞的對尋找適合的工作有幫助嗎？

從結論來說，答案是沒有幫助。**很可惜，性向測驗沒辦法保證你一定可以找到適合的工作。**

首先，讓我們來看看什麼是「九型人格測驗」。九型人格測驗將人格分爲「改革者」「成就型」等九種類型，是由神祕主義學者奧斯卡．伊察索提出的。從這點來看，九型人格本身其實具有靈修學的色彩。

並不是說這個測驗不好，只是問題在於，測出來的結果好像怎麼解釋都可以。九型人格測驗認爲，人具有各種不同類型、獨特欲望和恐懼，依據那些類型，可以分成不同的人格特質。比方說，類型六「追求信賴關係的人」，追求安全感、討厭孤獨；類型九「愛好和平的人」，喜好穩定、討厭紛爭，諸如此類。

我想各位應該也發現到了，安全感和穩定其實是非常相似的概念，兩者並沒有明顯的區別。容易感到不安的人，看到這個分類應該會覺得「這就是我！」，覺得自己符合類型六或是類型九的人格。

而且有趣的是，國外的解說網站上，大多寫著「想掌握九型人格，必須學習如何清楚解釋各類型的人格」，這簡直就像是在算塔羅牌。

九型人格的看法廣爲學術界所認識，但目前九型人格測驗還沒有進行過嚴謹的實例調查，因爲它的解釋非常主觀，無法透過注重重現性的科學來驗證。

順便一提，日本的九型人格網站上「史丹佛大學證實有效」的主張，很明顯是錯誤的。的確有位史丹佛大學碩士畢業的作家寫了本九型人格的書，但並非論文，也未獲得學術界的認可。還請各位留意。

三十年來飽受批評的麥布二氏人格類型量表

另一個經常被使用的理論則是「麥布二氏人格類型量表」（Myers-Briggs Type Indicator，以下簡稱ＭＢＴＩ）。

ＭＢＴＩ是美國教育家於一九六二年開發的人格測驗，依據直覺、思考與情感等八個指標，將人格分爲十六種類型。現在除了就業輔導之外，企業培訓和人才培育也經常使用，ＭＢＴＩ可以說是世上數一數二熱門的性向測驗工具。

雖然ＭＢＴＩ這麼受歡迎，但是它三十年來也是一直飽受批評。

其最大的問題在於，每次測驗出來的結果都不一樣。

依據二〇〇〇年代多個實驗報告，接受ＭＢＴＩ測驗的受試者，約半數的人五週後再次進行測試時，會被分類到其他人格。測驗結果沒有一致性，當然沒辦法用在選擇合適的工作上。

目前沒有任何事例能證明這個測驗可以準確預測工作表現。密西西比大學回顧了一百一十一份文獻研究，做出這樣的結論：「ＭＢＴＩ測驗的效果讓人大失所望。」

雖然的確有數據顯示ＭＢＴＩ能幫助我們找到合適的工作，但提出那些數據的研究或調查，大多是由推行ＭＢＴＩ的協會或團體出資做的，信賴度都令人打上問號。因此我們可以說，目前沒有數據可以支持ＭＢＴＩ理論。

ＲＩＡＳＥＣ的預測力幾乎是零

應該有不少人向大學申請職涯諮詢時，曾經做過「ＲＩＡＳＥＣ」測驗吧。

ＲＩＡＳＥＣ是以心理學家約翰·霍蘭德提出的「職業選擇理論」爲基礎，設計而成的職業興趣測驗，其後延伸出「職業準備測驗」（Vocational Readiness

Test，簡稱VRT）、「職業偏好量表」（Vocational Preference Inventory，簡稱VPI）、「職涯規畫量表」（Career Planning Survey，簡稱CPS）、「自我探索量表」（Self-Directed Search，簡稱SDS）等相似的測驗。

這些量表的概念幾乎相同，都將人分爲實用型、研究型和藝術型等六種類型，針對不同類型的人提供適合的職業類別。比方說RIASEC建議，實用型的人適合機械或工程類的工作，藝術型的人適合美術或設計類的工作。

聽到是心理學家提出來的測驗，就覺得好像值得信賴，但RIASEC也是不可靠的分析手法。

最具代表性的研究，就是二〇一一年佛羅里達州立大學發表的統合分析。研究團隊統整了過去七十四份可信度較高的RIASEC研究，得出現階段準確度最高的結果。

簡單來說結論就是，RIASEC的預測力幾乎是零。即使選擇了RIASEC判斷合適的工作，也完全無法預測當事人能否充分發揮他的能力。

從RIASEC理論建構的過程，就可以理解爲什麼會那樣。職業選擇理論其實只是依據霍蘭德博士諮商輔導的經驗，將「這樣的性格，好像跟這種職業有關」

的想法系統化而成，並未運用任何數據，完全只是他個人的想法。

儘管如此，現今的大學和職涯諮詢中心卻仍持續使用RIASEC，這情況可以說充滿了謎團。

【迷思六】依直覺來選擇

讓直覺正確發揮功能的三個必要條件

就像前面討論的，要找到一個可以讓我們幸福的工作，過程是非常困難的。應該有人會覺得，既然用自己的喜好或薪水多寡來衡量不可靠，那乾脆順從自己的直覺好了。

職涯發展的建議當中，的確也常常提到直覺的重要性。就像是「最終只能順著自己的心走」「照直覺選出來的答案意外準確」，強調做了再說的精神。

不好意思一直拿賈伯斯爲例，他過去也曾說過「最重要的是，鼓起勇氣追隨你的心與直覺」，可見這樣的想法有一定的支持度。

近年來，的確有部分數據顯示直覺的正確性。

最有名的就是以職業西洋棋士爲對象的實驗，研究團隊調查「快速西洋棋」（blitz chess，特殊對弈形態的西洋棋，一局棋爲五分鐘）的選手，想知道他們在須花時間思考的一般西洋棋是否也一樣活躍。結果發現，擅長快速西洋棋的選手，平均一步棋只思考七．五秒，但是對弈成績卻跟普通西洋棋一樣優秀。

其他還有很多類似的數據，也都證明了直覺勝過深思熟慮的情況並不稀奇。既然如此，就讓人不禁覺得，在選擇合適的工作時，是不是順從直覺比較好呢？這個想法完全是錯誤的，因爲直覺要發揮功能，必須滿足以下的條件。

①具有嚴謹的規則。

②有多次練習的機會。

③能立即得到回饋。

西洋棋士就是典型的例子。不用說也知道，西洋棋有嚴格的移動規則，而且棋手可以反覆練習過去的棋步，一局棋結束只需要兩到三小時，對弈內容馬上就可以得到回饋。

但找工作完全不符合這些條件。選擇適合的職業沒有正確的道路，每間公司只有一次決勝負的機會，進公司後還要花費好幾個月才會知道你的選擇是否正確。在這種惡劣的條件下，我們的直覺無法正常發揮作用。

就像前面提到的，我們的預測本來就不準，用直覺判斷未來的人生道路，可以說是非常危險的賭注。

用直覺思考的人，最後只會落得自我正當化的下場

直覺與邏輯哪個比較正確？過去的研究已經大致回答了這個問題。

美國博林格林州立大學於二〇一四年，向兩百七十四名學生進行問卷調查，分析了他們的決策風格。決策風格是人與生俱來就具備的東西，研究將之分成五種類型。

①理性型：理智思考後再做決定。
②直覺型：按直覺和感覺做決定。
③依靠型：依據別人的意見做決定。
④逃避型：總是逃避做決定。
⑤自發型：總是想要快點做好決定。

雖然視狀況，決策風格可能會有所變化，但是在多數情況下，大部分人都依循著特定的決策風格。

之後，研究團隊也訪談了學生的朋友和家人，確認受試者過去所做的決定及其準確度。例如，針對「他以前做過什麼樣的工作？」或是「他選擇讀什麼系？」這類決定，調查受試者的選擇是否真的得到好成果。

研究團隊綜合了所有的數據，發現理性型的決策風格獲得壓倒性的勝利。凡事理性思考的學生，在各方面都有相當亮眼的成績。

另一方面，直覺型決策風格的學生覺得自己的選擇是對的，但是朋友和家人給予的評價卻普遍較低。看來，依賴直覺的選擇多半會導向自我正當化，他人給予的客觀評價也大多偏低。

在其他研究當中也同樣發現，**理性思考的人，對大部分的人生選擇滿意度較高，生活壓力也較低**。因此，不憑感覺，貫徹理性思考，才是通往成功的最佳道路。

【迷思七】尋求符合性向的工作

實習或上一份工作經驗，對判斷性向一點幫助也沒有

「性向」也是找工作時經常聽到的詞彙。性向這個概念認爲，世上存在著符合自己與生俱來之能力的工作，只要找到就能發揮所長，工作起來充滿幹勁。

許多公司也很重視性向，他們確認應徵者的智力、興趣、性格、過去的經歷等要素，爲尋找優秀人才不斷努力著。「你適合幫助人的工作」或是「你適合能夠發

揮領導力的工作」等，社會上隨處可見的職業性向測驗，常常這樣給我們建議。

我們眞的有辦法事先徹底掌握適合自己的完美工作嗎？世上眞的存在能徹底發揮自己所長的工作嗎？

針對這個問題，心理學家法蘭克．施密特與約翰．杭特的研究，提出了相當準確的分析。

他們從過去近一百年內職業選擇的調查當中，挑選出數百份品質較高的研究，統整所有的數據，針對「我們能夠事先預測自己的工作表現嗎？」這個問題，提出一個大結論。過去不曾有這種規模的研究，他們的研究可以說是現行最有力的解釋。

他們在論文中，挑出初步面試和ＩＱ智力測驗等性向測驗，並求出個別的相關係數。簡單來說，他們想調查的是性向測驗能否幫助我們判斷，進了那間公司後，能活躍地發展嗎？

讓我們直接從結論來看。各性向測驗的可靠度，按數字大小排序如下。

第一名：工作樣本測驗（〇．五四）

第二名：ＩＱ智力測驗（〇．五一）

第三名：結構化面試（〇・五一）
第四名：同儕評量（〇・四九）
第五名：職業知識測驗（〇・四八）
第六名：實習（〇・四四）
第七名：誠實測驗（〇・四一）
第八名：一般面試（〇・三八）
第九名：上一份的工作經歷（〇・一八）
第十名：學歷（〇・一）

這裡說明一下大家可能不太熟悉的詞彙。

- **工作樣本測驗**：請應徵者完成與應徵職務相似的任務，然後依據成績給予評價。
- **結構化面試**：「請告訴我，你過去完成的大目標」，像這樣事先準備幾個詢問對方過去表現的問題，向所有應徵者詢問同樣的題目。

・**同儕評量：**請應徵者於公司實際工作一段時間後，由員工判斷其工作表現。為實習的改良版。

・**誠實測驗：**測量應徵者行為有多正直的人格測驗。

從以上數值我們可以知道，任何測試方法都無法幫助我們預測應徵者進公司後的表現。

比方說，就連準確度最高的工作樣本測驗，也只能說明應徵者能力的二九%，其他部分則受到耐心和學習能力等多種因素相當大的影響。即使相信測驗的成績而選擇了某間公司，進公司之後也很有可能完全無法發揮實力。

其他手法更不必多說，**一般企業經常使用的一般面試、實習、過去的工作經驗等，幾乎都無法作為預測工作表現的指標。**胡亂相信這些指標，結果恐怕就是大部分的求職都會以失敗告終。

這些既有的性向判斷工具之所以沒幫助，是因為影響我們工作表現的變數實在太多了。在現實世界，工作必須具備各種能力，例如抽象思考能力、創造力、與同事之間的溝通能力、抗壓性、控制情緒的能力等技能，而這些並不是透過幾次面試和測試，就可以判斷的東西。

此外，依組織文化不同，必須具備的能力也會有所不同，這也是無法事先預測工作表現的原因之一。比方說，即使同樣是食品製造商，有的公司風氣重視合群，有的公司文化則是追求創新，這些差異很常見。

再說，隨著環境和時間的變化，結構關係也可能馬上就改變。光是頂頭上司換人，或是換到其他部門，所需的工作技能就會有所不同，這樣的情況一點也不稀奇。由此來看，實習或上一份的工作經驗，無法預測下一份的工作表現也是很正常的。

選擇可以發揮天賦的工作也沒用

接著，我們來談一下「優勢識別器」（strengths finder）。

這是美國蓋洛普公司開發的才能剖析工具，是一套只要回答一百一十七道題目，就可以告訴你屬於你的「天賦」在哪的線上服務。解說這項手法的書也大爲暢銷。

天賦的內容包含了分析思考、學習欲、策略性等三十四種類。這套測驗認爲，只要好好運用前五名的天賦，工作表現就能有所提升，離職率也會降低。也就是說，能夠發揮天賦的職業，才是適合你的工作。

蓋洛普公司以超過十萬名商務人士的訪談爲基礎，設計了測驗的內容，只要連上官方網站就可以閱讀該公司經手的龐大實驗數據。其樣本數量非常大，從這點來看，優勢識別器測驗感覺似乎是獲得統計實證的手法。

但那些實驗也是有問題的，因爲所有實驗內容都是蓋洛普公司自行進行，並未通過正式的審查手續，因此無法作爲理論支持的證據。就這點來說，優勢識別器測驗的理論還是站不住腳。

而且其論點最大的問題在於，**「只要做能夠發揮天賦的工作，一切都沒問題」**，**這個主張本身就必須打上一個問號**。比方說，正向心理學之父馬汀．塞利格曼，調查七千三百四十八人的天賦和工作滿意度，進行了比較研究。問卷調查得出來的結果重點如下。

①天賦和工作滿意度的確有關聯，但程度非常低。

②組織當中，跟自己擁有相同天賦的同事較少時，工作滿意度才會上升。

第二點可能需要一些說明。

比方說，假設你是擁有高度分析力的人，但周遭同事也很擅長分析數據和理性思考的話，那項「天賦」在市場上的相對價值就會下降；相反的，當周遭同事都不具備分析力，你的市場價值就相對高，在組織中的滿意度也會相對提升。也就是說，能否活用天賦，度過快樂的職場生活，取決於跟他人比較後的結果。

這裡要特別強調，這樣的研究結果並非指了解自己的天賦是沒用的。因爲不少正向心理學的文獻都顯示，每天有意識地活用自己的天賦，日常生活中的幸福感就會一點一點地增加。

針對這個結果，塞利格曼做出了以下的評論：

「雖然我不推薦依據天賦來找工作，但如果應用在現在的公司，用來提高工作滿意度的話，應該是有幫助的。」

當已經決定好工作的時候，優勢識別器測驗就可以派上用場。不過這裡的問題在於，這對尋找適合的工作有幫助嗎？就這點而言，光是依賴天賦，似乎不是個好方法。

眞正能豐富人生的工作

看到這裡，有些人可能會感到混亂。把興趣當飯吃，幸福度不會上升，向錢看又沒效率，就連專家的判斷也不準的話，我們應該要依據什麼樣的基準，選擇最適合自己的工作呢？眞正能豐富人生的工作在哪裡呢？

爲了尋找問題的答案，在第二章我們將一一探討尋找適合的工作時失敗的原因，以及適合的工作的必要條件。這些是克服找工作時會遇到的問題，正確拓展未來可能性的重要步驟。

尋找適合的工作時，
要小心不落入先入為主的陷阱。

找工作時的七大迷思

1 把興趣當飯吃

2 依薪水高低來選擇

3 依產業和職務來選擇

4 依工作內容輕鬆與否來選擇

5 依性向測驗的結果來選擇

6 依直覺來選擇

7 尋求符合性向的工作

第二章

拓展未來

——決定工作幸福感的七大美德

STEP
2
Widen your future

「我們每個人都關在自己的殼裡，
視野窄得只能從自己的鼻尖看出去。」

蒙田（1533 年～ 1592 年）
法國哲學家
Michel Eyquem de Montaigne
Philosopher, Francend

一切都從拓展視野開始

萊特兄弟也掉入了目光短淺的陷阱

如序章所提到，我們做出錯誤的工作選擇，很大的原因是因爲目光短淺。**只把注意力放在特定的選項，會讓自己陷入無法思考其他未來可能的狀態。**再怎麼厲害的偉人，也逃離不了這個陷阱。

比方說，萊特兄弟因爲發明飛機，而享有崇高的知名度，但他們卻也親手毀了自己的事業。

大家可能以爲，一九〇三年萊特兄弟駕駛載人的動力飛行器成功飛行，他們爲自己研發出來的技術取得專利之後，就過著悠閒自在的日子了吧？但故事沒這麼美好。後起的技術者參考了萊特兄弟的構想，一個接一個發表新的飛機，所以他們把下半輩子的時間，都花在打專利侵權訴訟上。

原本他們一開始是爲了保護財產和名譽才提起訴訟，但大部分的訴訟都遭到撤回，使他們怒上心頭。最後腦袋裡只有訴訟的事，身陷法律訴訟的泥沼當中，完全處於目光短淺的狀態。

在訴訟期間，其他技術者開始超越萊特兄弟，使得他們的專利完全失去價值，最終只具有歷史價值而已。失意的哥哥威爾伯在四十五歲時便死去，弟弟奧維爾三年後也放棄了技術研發。

其他有類似情況的偉人還有很多，例如，精神分析論的開山始祖佛洛伊德，他也因爲過於執著自己的理論，而陷入目光短淺的問題，不分青紅皂白地攻擊跟自己相反意見的人。佛洛伊德打擊異己的結果，就是與榮格、阿德勒和賴希等其他知名心理學家斷絕了關係。

這些都是非常悲劇性的故事，但如同前面介紹，我們在做職涯選擇時，也容易犯下跟萊特兄弟和佛洛伊德相同的錯誤。「我們每個人都關在自己的殼裡，視野窄得只能從自己的鼻尖看出去。」蒙田這句話，點出了許多人都會陷入的難題：大部分人或多或少，都曾因目光短淺而做出錯誤的職涯選擇。

爲了解決這樣的難題，在第二章我們將學習如何拋開己見，讓自己看見更多的可能性——也就是，拓展你的未來。

決定工作幸福感的「七大美德」

「擺脫目光短淺，思考各種工作的可能性！」應該沒有人被這樣說，就能馬上做到吧。因爲當我們對某個特定的公司或工作感興趣時，大腦就會變得僵化。

比方說，以爲自己的錢包不見時，把家裡每個角落都翻過一遍之後，發現錢包就放在眼前的桌上，這樣的經驗很常見。之所以會發生這種現象，並不是因爲受到「錢包總是放在架子上」「錢包應該在西裝外套的內層口袋裡」等先入爲主的看法影響，而是因爲大腦完全排除了「錢包就在眼前」的可能性所致。

尋找適合的工作也跟這種現象一樣，大部分人有了「這個工作感覺不錯」的想法之後，思維就變得狹隘，再也看不見其他選項。這樣下去，永遠不可能找到最適合自己的工作。

因此在第二章，爲擴大思考範圍的切入點，我們先來看一下什麼是決定工作幸福感的七大美德。

第一章介紹了選擇工作時的七大迷思（跟幸福無關的工作因素），而本章的重點將放在走向幸福職涯的必要因素上。沒有給任何線索就要你拓展視野，恐怕一點頭緒也沒有，如果能了解幸福工作的必要條件，應該可以找到增加選項的線索。

決定工作幸福感的七大美德如下。

①**自由**：這份工作擁有自主權嗎？
②**成就**：可以感覺自己在進步嗎？
③**聚焦**：符合自己的動機類型嗎？
④**明確**：任務、願景和評價基準明確嗎？
⑤**多樣**：工作內容多元嗎？
⑥**夥伴**：組織內有願意幫助自己的朋友嗎？
⑦**貢獻**：對社會有多少貢獻？

以上是統整兩百五十九份「工作滿意度」調查並進行統合分析得到的結果，不僅是歐美，對亞洲諸國來說，這些要點也具有同等的重要性。

就算是從小到大的夢幻工作，或是大家都憧憬的行業，只要不符合這些要點，幸福度最終都不高。**反過來說，只要是符合這些條件的工作，即使社會對這份工作的評價不高，工作起來也很幸福快樂。**

但有下面這種想法應該也很正常：「雖然說必須增加選項，但我連有什麼樣的工作都不知道，只有模糊的大方向而已……」

「我就是要進這間公司！」一開始就下定這種決心的人占少數，大部分人應該都是「我想進入這個產業工作」「我想當儲備幹部」，只有一個大概的方向。

不過，請放心。就像序章提到的，未來引發的模糊、不確定感，容易讓人感到難以言喻的不安，對現代人來說是非常普遍的。本章後半部將介紹幫助你找到大致方向的方法，因此現階段還沒決定好未來道路的人，請先把所有的「美德」都看過一遍，對幸福工作必須具備什麼樣的條件有個概念就好。

相反的，如果你已經知道自己未來要走什麼路，在閱讀接下來的美德內容時，請思考這個問題：「這份工作眞的能爲自己帶來幸福嗎？」

那麼，我們就來看看具體的內容吧。

【美德一】自由

不自由的職場環境比抽菸還傷身體

在有許多園藝愛好者的英國，一天結束之後，經常可以看到人們在庭院辛勤勞動的身影。即使工作再怎麼忙碌，很多人只要工作一結束，就會拿出鏟子做園藝，進行消耗體力的活動。

作家柯林．瓦德說明了這樣的風俗。

「這麼多人在一天工作結束之後仍埋首於庭園，因為做園藝可以獲得自由。庭園工作讓他們從單調的工作中解放，不再是每天做著乏味工作的奴隸。從頭到尾都在自己的控制下，要怎麼做、怎麼決定都是當事人的自由。一切都由自己負責，與別人無關。這個時候，我們是自己的上司。」

從現代心理學的角度來看，瓦德解釋得非常貼切。工作的內容，有多少是自己可以決定的？這點對工作滿意度的影響很大。

不需要深入探討也可以知道，沒有人被剝奪自由還開心得起來。上司針對資料一字一句確認、連休息時間也要管、外出一定要取得許可，應該沒有人會想在這種環境工作。這就是俗稱的「微觀管理」問題。

其實從多項研究都可以發現，自由對工作幸福度的影響，比其他因素都要來得大。比方說，台灣有個以一千三百八十名勞工爲對象的研究，依據以下要點，針對受試者的自由度進行了調查。

- 工作進度可以按自己的意思安排。
- 可以自由地選擇工作內容。
- 可以自由地針對收入或公司規範表達意見。

結果非常清楚明白。職場的自由度越高，受試者對工作的滿意度也越高、離職率越低，面對壓力大的工作內容時，也不容易受到負面情緒的影響。

而另一項研究則發現，自由度也會影響我們的壽命。倫敦大學以公務人員爲研究對象，將受試者分爲兩組，進行比較。

• 吸菸，但公司的自由度大。
• 不吸菸，但公司的自由度小。

研究發現，不吸菸，但公司自由度小的人，身體狀況不佳，罹患慢性病的機率也比較高。也就是說，工作自由度對我們身體健康的影響，比抽菸要大得多。

能帶來幸福的自由，男女有別？

毫無限制、完全自由的職場當然不存在，即使像數位遊牧民族那樣自由的工作型態，只要是工作，一定避不開與客戶或交易對象來往所帶來的限制。在社會上生存，一定會遇到必須犧牲部分自由的情況。

人再怎麼樣也是社會動物，這是無可奈何的事實，因此我們只有兩種選擇：選擇感覺起來比較自由的公司，或是跟上司或相關人員溝通，要求提高工作的自由度。

如果你決定去公司上班，**工作時間有多少彈性以及員工擁有多少工作自主權**，這兩點一定要想辦法確認清楚。

此外，依據過去的文獻，對於「什麼樣的自由容易讓自己感到幸福」，男女有所不同，這裡也請多加留意。

- 女性：工作場所和時間的自由度越高，越感到幸福。
- 男性：工作方式和步調的自由度越高，越感到幸福。

也就是說，對女性而言，在家上班或遠距工作的可行性高，且採用彈性工時制的職場，工作起來感到幸福的機率越高；另一方面，對男性來說，可以自己決定工作進度，按自己的步調執行工作的職場，越容易感到幸福。雖然影響因素因人而異，但依舊可以作爲參考。

總而言之，自由的重要性不是「有的話很好」，而是決定工作幸福度最根本的要素。因此尋找適合的工作時，請一定要試著從「在多少程度上可以做自己的主人」的觀點來選擇工作。

【美德二】成就

頂尖運動員最重視的那個習慣

在奧運的游泳項目擁有二十八面獎牌的麥可．菲爾普斯，比賽前都會執行一套動作儀式。比賽前兩個小時，他一定會做全身拉筋以伸展筋骨，接著在泳池游四十五分鐘暖身，然後聽嘻哈音樂直到比賽正式開始。

菲爾普斯的教練鮑伯．波曼這樣形容菲爾普斯的行爲：「這些微不足道的行爲帶給他勝利的感覺。」拉筋和暖身都讓菲爾普斯確實獲得了成就感，能充滿自信地面對比賽。

運動界很早以前就知道這種「小小成就感」的重要性。越頂尖的運動員，越懂得訂定次目標，「這週以改善動作爲目標，下週專注於提升肌力」，以週爲單位，慢慢累積成就感。

近年來，科學界也證實了小小成就感對工作幹勁有很大的影響。

相關研究多如山，但最有名的是哈佛大學的調查研究。爲了找出最能夠提升工作幹勁的因素，研究團隊針對七間公司、兩百三十八名商務人士，記錄了一萬兩千個小時所有人工作表現的變化。這是針對工作價值，做得最徹底的研究。

研究的結果，一句話總結如下：

・工作有點進展時，是人類幹勁最高的時候。

雖然影響工作幹勁的因素很多，但是，事情往前邁進所帶來的影響力最大。

成就感的錯覺也能增進幹勁

小小成就感的內容什麼都可以，只要跟工作有關就好。找到製作企畫書所需的數據、卡在心頭的程式錯誤解決了、獲得經理的讚賞等，再小的成就感，也能讓幹勁提高，產生有價值的感覺。

若要舉個貼近生活的例子，讓我們來看看哥倫比亞大學的實驗。研究團隊發給受試者可以在特定咖啡店使用的集點卡，讓他們自由地買咖啡。集點卡分爲以下兩種。

①寫著「購買十杯咖啡，免費贈送一杯」的集點卡。

②寫著「購買十二杯咖啡，免費贈送一杯」的集點卡，但集點卡上已經蓋有兩個印章。

也就是說，無論是哪一種集點卡，都要買十杯咖啡，才可以換得一杯免費的咖啡。照理來說，所有受試者買咖啡的行爲應該都會一樣，但結果卻不是。實際狀況是，拿到咖啡買十二送一集點卡的受試組，集點的速度較快。

研究團隊將這樣的現象稱爲「前進錯覺」。已經拿到兩個章的錯覺，讓人產生成就感，那樣的感覺提高了幹勁。就連成就感的錯覺也能讓人產生幹勁，看來我們眞的對成就感沒有抵抗力。

但是在尋找適合的工作時，想調查這間公司是否具備完善的激勵制度，並能從中得到小小成就感是很困難的。當今意識到小小成就感重要性的企業爲少數，決策權大多是在第一線的主管手上。

依據前面的哈佛研究所示，大約九五％的主管都回答，激勵員工最好的方法是調整薪資。看來要讓整體社會了解小小成就感的重要性，似乎還需要點時間。

承上述，尋找適合的工作時一定要確認的要點如下。

- **工作可以得到多少回饋？**
- **是否能明確區分工作的成果和回饋？**

比方說，假設你是廚師，如果能親眼看到客人開心地吃著自己做的菜，馬上就能得到成果的回饋，細細體會小小的成就感。

但有些廚師可能都在廚房裡，看不到客人的反應。爲提高效率，待在廚房可能是不得已的措施，但身處這樣的環境，成就感可能會減少很多。

反過來說，再怎麼愉快的工作，如果獲得回饋要等上一個月的話，成就感恐怕也高不起來。目標要盡可能明確，工作完成後可以馬上得到回饋是最爲理想的。

【美德二】聚焦

對尋找適合的工作有幫助的性向測驗有哪些？

第一章說明了性向測驗有多麼不準確。目前經常應用在找工作的性向測驗，大部分都沒有數據支持，因此對提升工作的幸福度毫無幫助。

對尋找適合的工作唯一有幫助的性向測驗是「調節聚焦」（regulatory focus）。

調節聚焦理論將人格分爲「促進型」和「防禦型」兩種，哥倫比亞大學等研究機構的研究均顯示，調節聚焦對工作表現的提升具有相當好的效果。調節聚焦將我們區分爲兩種人格。

◎**促進型**：工作的目的著重於目標達成後可得的利益。

好勝心強，容易受到金錢和名譽等外在報酬強烈的影響。總是懷抱著大夢想，極爲注重有效率地工作。大致上來說個性積極，但相對的，這種人格的缺點是，很多事情都不會思考太多，常常還沒準備好就想動手去做。只要稍有不順，馬上就會感到沮喪。

◎**防禦型**：將目標視爲一種責任，工作是爲了不輸給別人。

最終目標是完成自己的義務，盡可能待在安全的地方。因爲害怕失敗的傾向強烈，因此工作時力求正確、小心謹慎，確實地一點一點完成任務。總是想像著最糟糕的情況而行動，在沒有充裕時間的狀況下，壓力會暴增。分析和解決問題的能力高。

大部分人都偏向其中一種類型，依據聚焦的強度高低，對工作的幹勁也會有很大的不同。在哥倫比亞大學進行的實驗中，他們要求受試者於三天內提交報告，提交報告的方式分為兩種。

①請想像自己在「最棒的」地方和時間寫報告，然後試著在腦中描繪寫報告的樣子，而且是份非常優秀的報告。

②請想像自己在「最糟的」地方和時間寫報告，然後試著在腦中描繪寫報告的樣子，而且不斷提醒自己不要寫出一份爛報告。

第一種指示當然就是屬於促進型，而第二種則是屬於防禦型。

一般認為兩者不會有太大的差異，但結果發現差異極大。收到符合自己焦點類型指示的人，準時提交報告的比例跟不符合焦點類型的人相比，高出了五〇%。

此動機類型的有效性，具有超過二十年的研究證據支持。比方說，二〇一二年的統合分析，彙整了一百零五份文獻，發現透過促進型和防禦型的分類，在某種程度上可以預測職場的滿意度與工作方式。亞洲也有很多研究案例，例如，日本愛知大學以兩百九十五位打工在學生爲對象的調查研究也顯示，動機類型跟工作幹勁高度相關。

從這麼多的研究中，我們可以得知，**用符合自身焦點類型的方式工作，較能讓我們發揮所長，工作滿意度也比較高**。雖然也有其他不錯的性向判斷分析工具，但就目前而言，其他研究的數據品質都遠不及調節聚焦。事先知道自己的焦點類型，對選擇適合的工作一定有所幫助。

適合促進型和防禦型的工作

接著來確認一下自己屬於哪種動機類型吧。請參考第105頁的圖表，回答表中的十六個問題（滿分爲七分）。

1：完全不符合

2：幾乎不符合

3：不太符合

4：無法選擇

5：還算符合

6：相當符合

7：非常符合

這些問題出自知名的「促進防禦焦點量表」。針對每一個問題評分，加總起來之後便能判斷自己的動機類型。

促進型：1、3、5、8、9、10、11、13

防禦型：2、4、6、7、12、14、15、16

請依據評分結果，看看促進型和防禦型哪個分數比較高，判斷你屬於哪種動機類型。理論上來說，兩者的確有可能同分，但是這種情況相當罕見，大部分人都會偏向其中一種。

此外，另一項研究顯示，大部分人都會無意識地按照自己的動機類型，選擇符合自己焦點類型的職業。讓我們來看看具體實例。

- **適合促進型者的職業**：顧問、運動員、科技業、社群媒體業、寫手等。
- **適合防禦型者的職業**：行政、技術員、會計業、資料分析師、律師等。

如上例，促進型的人適合步調快的產業，大多是服務和商品的變化快速、需要彈性思維的工作。

另一方面，需要實際能力的工作，能讓防禦類型的人發揮所長。防禦型的人擅長仔細處理複雜的資料，因此比較適合對謹慎性格有高度評價的產業。

總結來說，依據焦點類型選擇適合工作的方法如下。

- **促進型**：尋找能實際感受到進步和成長的工作。
- **防禦型**：尋找能獲得安心感和穩定感的工作。

促進防禦焦點量表

① 我常常想像要怎麼達成自己的目標和願望。

② 我經常把注意力放在如何避免不好的事情發生。

③ 我經常專注於未來想達成的目標。

④ 我常常思考該如何避免失敗。

⑤ 我認為我是個以自己的理想為最優先，努力達成願望與抱負的人。

⑥ 我常常擔心自己是不是無法完成應盡的責任與義務。

⑦ 我經常想像不好的事情發生在自己身上。

⑧ 我經常把注意力放在人生中良好的成果上。

⑨ 我希望在職場（學校）的工作（學業）上，能達成理想的目標。

⑩ 我常常思考該如何獲得好成績。

⑪ 我經常思考將來想成為什麼樣的人。

⑫ 我常擔心自己是不是無法達到目標成績。

⑬ 我經常想像自己成為理想中的樣子。

⑭ 我希望在職場（學校）的工作（學業）上，能避免失敗。

⑮ 我經常思考避免成為討厭的人。

⑯ 對我來說，避免損失比獲得利益更重要。

促進型和防禦型是與生俱來的動機特性，無法得知能否透過後天的訓練改變。因此，不要違背天生的氣質，選一個自己覺得最舒服的工作吧。

【美德四】明確

在薪資不平等的公司工作會早死

亞馬遜的執行長傑佛瑞·貝佐斯是以追求「明確性」的經營者著稱。其中最有名的例子就是，他在亞馬遜快速成長的時期，建立了全體員工的資料庫。這個資料庫定期記錄員工的行爲，誰對公司的成長有貢獻一目瞭然。其目的是爲了做到**賞罰分明**。「有功賞之，有過罰之」是經營的黃金法則，而亞馬遜便是將這個法則執行得最徹底的公司。

如第一章所提到，我們是透過跟別人比較來決定自己幸福與否的生物，因此對薪資不平等的感覺尤其敏感。史丹佛大學仔細回顧兩百二十八份文獻的統合分析研究顯示，賞罰不分明的公司，員工的死亡率和精神疾病發作的機率都比較高。

另一個與賞罰分明同樣重要的是，**任務的明確性**。不知道自己負責的工作該怎麼進行、沒辦法掌握任務應該要做到什麼程度，在這樣的狀況下，即使再怎麼喜歡這份工作，恐怕也很難有幹勁。

其他常見的任務不明確的例子如下。

- 不知道公司的核心價値爲何。
- 不知道手上的工作對專案有何貢獻。
- 不知道自己該對工作的哪個部分負起責任。
- 某個主管說「馬上給我把企畫書寫出來」，另一個主管卻說「你給我去參加會議」。

不曉得自己在公司裡扮演什麼角色、上層的指示經常互相矛盾、感覺不到高層有何願景……這些例子光是想像就讓人失去幹勁，許多數據也顯示，這些狀況會讓我們的幸福度大幅降低。

上層命令不一致足以危害員工的健康

我們來看看南佛羅里達大學所做的統合分析。此研究仔細回顧了七十二份「工作壓力與健康」的相關文獻，調查在什麼樣的職場工作會弄壞身體。

結果顯示，任務的不明確性，與員工的慢性疲勞、頭痛和消化器官不適高度相關。其中又以「不曉得主管對工作的要求是什麼」和「上司的命令不一致」，這兩種狀況帶來的負面影響最大。在這種職場工作的員工，睡覺仍無法消除疲勞，最後容易出現頭痛或胃痛等症狀。這樣的結果應該很合理吧？

在任務明確化這點，亞馬遜一點也不馬虎。

貝佐斯一直以來都以「顧客至上」爲企業理念和行動指標而聞名。爲了提升消費者體驗，就算是犧牲股東的短期利益也在所不惜，公司內部的工作任務也都建構在顧客爲中心的概念上。因此，員工不會有一絲疑惑。

再舉個更具體的例子。亞馬遜在開會之前一定會發「會議指南」，要求所有會議的出席者熟讀，指南上的內容如下。

- 會議提要與應達成之目標。
- 擬定問題解決對策的具體方法。
- 能立即著手的解決對策。

像這樣事前把資訊整理好，對所有會議的參加者而言，目標就會變得明確，而且也能維持大家的幹勁，讓會議順利進行，避免浪費時間。

這裡並不是要誇讚亞馬遜是多麼厲害的公司，大家應該也知道，亞馬遜曾被爆出過度以顧客爲優先，壓榨承包業者送貨司機的事件。

從這方面來看，亞馬遜的確有許多不爲人知的地方，但另一方面，貝佐斯貫徹明確性的經營理念，確實也激起了員工的幹勁，爲亞馬遜帶來爆發性的成長。在尋找適合的工作時也是一樣，一定要確認候補名單的公司「賞罰是否分明」以及「任務是否明確」。

・公司有明確的願景嗎？為了實現那個願景，公司做了什麼樣的系統化策略？

・人事考核制度健全嗎？員工個人的貢獻與失敗，能否以看得見的方式進行評價？

在應徵面試或跟人力仲介面談時，請務必要確認清楚。

【美德五】多樣

即使中了一億元的樂透，一年後也變得沒什麼了

「限定員工的職責，並要求盡忠職守。」

過去的經營理論會這樣主張。會計只要負責管錢，企畫部門只要專心想有創意的點子就好，大概是這樣的管理手法。

限定特定的職責，員工的能力的確會提升，成本和效率面也能輕鬆達到最佳化。這種想法非常好理解。

但是大家也都知道，達到經營效率最大化，未必能爲員工帶來幸福。再怎麼喜歡想點子的人，一直被要求做同一件事情也會受不了，有時也會想做做單純的行政作業或進度管理的工作。

這種現象在心理學稱爲「快樂的加工機」，**指的是人面對任何變化，很快就習慣的特質**。比方說，就算中了一億元的樂透，或是升遷到夢想中的職位，增加的幸福度最多只能維持一年，之後就會回到跟過去一樣的水準。當「我有一億元」的事實成爲新的幸福基準，就會開始追求超越現狀。

這個問題有點困難，唯一能解決「快樂的加工機」問題的，就是多樣的思考方式。如同字面所示，多樣指的是**能在日常工作中感受到多少變化**。因此，符合以下兩個條件的職場，能爲你帶來較高的幸福感。

• 能自由發揮所長與自身擁有的技能。
• 工作的內容豐富且多元。

依據德州理工大學彙整了約兩百份文獻的統合分析，在能夠發揮各種不同技能和專長的職場工作，與工作滿意度間的相關係數爲〇．四五，就跟前面的自由與工作滿意度一樣，兩者具有關聯性。多樣也是尋找適合的工作時必須確認的要點之一。

你有辦法全程參與專案的上游到下游嗎？

說到多樣，將此概念實踐得最徹底的企業，應該就是以《玩具總動員》系列電影聞名的皮克斯動畫工作室了。

該公司設有教育機構皮克斯大學，讓所有員工免費學習多種技能。在皮克斯大學可以學習繪圖的方式和眞人版電影的拍攝方法等多元技能，公司也要求員工把學到的技術應用到新的專案上。

這個制度是爲了防止人才外流而開始的。皮克斯一開始也是將員工的工作內容設爲固定不變，但員工開始對工作感到枯燥乏味，最後優秀的人才一一被挖走。皮克斯將之視爲嚴重的問題，因此引進多樣的概念，開始建構不會讓員工感到乏味的教育體制。

就過去的經營理論來說，開辦皮克斯大學是減少利益的行爲，但是多虧了這個教育制度，使得離職率大幅降低，結果就是優秀的人才願意留下來，從長遠的角度來看可以說是大成功。

雖然像皮克斯如此重視多樣性的公司並不常見，但找工作時還是確認一下這個要點。

・你有辦法全程參與專案的上游到下游嗎？

比方說，你以服裝銷售員的身分進入服飾業工作，如果能參加服裝企畫的會議，可以提供意見給設計師，甚至參與商品設計完成後的銷售推廣，這些應該比單純叫你賣衣服要來得讓人有動力吧。參與專案整體流程會讓人產生責任感，而且容易找到工作的意義。

重點在於，工作起頭到結尾的過程，你能參與到多少。雖然能夠從頭到尾參與的工作可能不多，但是請把它當作是找工作時的確認要點之一。

【美德六】夥伴

公司裡有三個朋友，工作動力增加七○○%

「我們不是辭掉工作，只是離開那個職場的人際關係而已。」這句話是管理學常見的格言，顯示了人際關係的重要性，應該有不少人覺得感同身受吧。再怎麼喜歡那份工作，如果每天都跟濫用職權的上司、合不來的同事相處八小時，想必不會感到幸福。

依據日本勞動部的統計資料，針對「和同事私底下會談天說笑嗎？」這個問題，回答會的人僅有三〇％；針對「公司裡有值得信賴的上司嗎？」這個問題，約有八七％的人回答沒有。於歐美實施的調查也有相似的傾向，對職場的人際關係感到煩惱，似乎是世界共通的現象。

證明主管和同事對工作與人生的影響之大，以美國針對五百萬人進行的調查最爲有名。研究團隊調查受試者在職場上的人際關係，推導出以下的傾向。

- 職場上有三個以上的朋友，人生滿意度可提升九六％，對自己薪水的滿意度也會提高兩倍（雖然實際拿到的薪水不變，但因爲交到朋友，所以薪水的魅力上升）。
- 當職場上有要好的朋友，工作幹勁會提升七倍，工作速度也會跟著提高。

這些數據讓人大感驚訝，**薪資的多寡和工作的快樂度之間沒有關係，在公司有好朋友卻能讓人生感到幸福**是千眞萬確的。

另一份具有高度可靠性的數據是佛羅里達州立大學所做的統合分析，也可作爲參考。此研究嚴謹地處理了約二十二萬人的數據，分析結果顯示「社會支持與工作滿意度之間具有相關性」。用一句話簡單來說，意思大概就是：「當身邊有願意對自己伸出援手的同事，工作快樂的可能性就會大幅提高。」

確認一下公司有多少人跟自己相似

近年來許多數據都顯示，惡劣的主管和同事會帶來壞影響。其中最糟糕的，就是會對健康造成傷害，許多報告都指出，在惡劣的人際關係中工作的人，壽命會縮短。讓我們來看看幾個代表性的數據。

- 在壞上司底下工作的員工，死於心臟病發作或腦中風的風險，比在好上司底下工作的員工高出六〇%。
- 因為討人厭的同事，使壓力倍增，即使辭掉工作，身體也需要二十二個月的時間才能恢復到原本健康的狀態。

• 人際關係惡劣的公司，員工有高血壓、高膽固醇、糖尿病煩惱的機率多出二〇%。

人際關係的惡化，對健康的影響難以估計，而且對健康的傷害又會因工時過長與企業福利不足而加劇。業績再怎麼好的公司，如果每天都要跟討厭的人相處，也不值得繼續待下去。

總結來說，以「我跟這間公司的人合得來嗎？」作爲選擇職場的基準，一點也不奇怪。在尋找適合的工作時，別忘了從「在這間公司能找到不錯的夥伴嗎？」的觀點來檢視。

從夥伴的觀點來選擇工作時，建議留意以下因素。

• 在組織裡，有多少人跟自己相似？

人與人之間能否成爲朋友有好幾個因素，但目前最有力的說法是，我們會對與自己相似的人產生好感。這個心理現象俗稱「相似性效應」，不僅是與對方的思考方式和個性相似，外表、打扮和文化背景等，只要有跟自己相似的地方，就會對對方產生好感。

只要抓住這個要點，去參訪企業或面試時，應該就知道怎麼確認了。

【美德七】貢獻

滿意度最高的工作前五名

二〇〇七年，芝加哥大學發表了一份針對約五萬名工作者、連續實行三十年的職業調查分析。

其研究主題是：什麼樣的職業，容易獲得較高的滿意度？研究團隊向各種不同職務的受試者，詢問他們對工作的滿意度，發現滿意度最高的工作前五名如下。

①神職人員。
②物理治療師。
③消防員。
④教育從業人員。
⑤畫家與雕刻家。

這些滿意度名列前茅的職業，看起來差異頗大，每天的工作內容也完全不同，而且該研究結果具有美國文化的獨特性，不可能直接套用。

但上述職業之間卻有個獨特的共通點，能幫助我們思考幸福的工作是什麼。以下引用參與這項研究的知名調查研究專家湯姆．史密斯所做的評論：

「工作滿意度高的職業，具有體貼他人、傳授新知給他人、守護他人生活的特質。」

工作滿意度前幾名的職業，的確每一個都對別人有所貢獻。神職人員每日的工作，是傾聽信徒的煩惱；物理治療師和消防員，則是解除患者和受困者的痛苦；教育從業人員和藝術家，是把新知和新觀點傳遞給大家。

另一方面，工作滿意度的倒數幾名，是倉庫包貨員、收銀人員與工廠作業員等職業。這些工作並不差，但它們有個共通點，就是難以看出自己的工作對別人有什麼貢獻。在倉庫或工廠工作，很難想像自己的行爲能爲他人帶來什麼喜悅，也因此使我們的幸福感降低。

這現象有個專有名詞，叫作「任務重要性」（task significance）。概念是，**這份工作會對別人的生活帶來多少影響**。

選擇助人爲樂的工作

「爲他人犧牲奉獻」是句漂亮話，但是許多數據都顯示幫助他人好處多多。某個研究證實，參與義工服務的人，憂鬱症發作機率較低；另一項實驗則發現，一天五次、持續六週對他人釋出小小的善意，受試者的幸福感會大幅提升。由此看來，貢獻可以說是有科學依據的漂亮話。

貢獻社會之所以重要，是因爲對他人親切，能滿足人類的三個需求。

①自尊心：幫助他人，會覺得自己是有能力的人。

②親密度：因爲親切待人，能讓自己與他人變得親密，降低孤獨感。

③自律性：爲他人奉獻，會讓自己覺得不是受他人指示，而是自己做出了幸福的選擇。

這些需求都是人獲得幸福的必要條件，當這些條件未獲得滿足，就不會覺得工作是有價值的。

腦科學研究也已經證實，當我們做出對社會有貢獻的行爲後，腦內會分泌多巴胺。多巴胺是一種神經傳導物質，又以「幹勁荷爾蒙」著稱，它跟吸食違法藥物，讓短時間內腦中多巴胺增加所獲得的快感是一樣的。

部分學者也將親切待人以提升幸福度的效果，稱為「助人者的快感」（helper's high）。我們不需要借助藥物，只要對社會做出貢獻就可以獲得足夠的快感。

除了違法的職業，世上不存在對他人沒有貢獻的工作。在倉庫包貨，是運送民生必需物資不可或缺的行爲之一；沒有人收銀，經濟就無法運作。

這裡的重點在於，有沒有辦法輕易看見自己的行爲對他人有所貢獻。從這個角度來看，容易接觸終端客戶的工作、能夠直接與客戶交易的職業絕對比較有利。尋找適合的工作時，請務必把貢獻的觀點納入考量。

用七大美德，積極拓展未來的可能性

擴大初步選項清單

在了解幸福工作所需的七大美德之後，讓我們來看看怎麼做可以拓展視野。請依照下列順序進行。

(1) 製作初步選項清單

首先，把你目前想到的工作選項全部列出來。例如：

- 辭職找其他工作。
- 想做業務。
- 想做A公司的業務。
- 想從事食品廠商的銷售業務。
- 爲目前的客戶創業。
- 持續在目前的公司工作，開始經營副業。

選項內容不拘。你希望未來的工作是什麼樣子？請把現在想到的統統寫出來。

有些人可能還沒有方向，這時只要老實地寫下「我還不清楚」就好。

(2) 利用「美德注意力」尋找可能性

製作好初步選項清單後，接下來就利用「美德注意力」這個技巧，試著拓展自己從未想過的可能性。

這個方法很簡單，在思考適合的工作之前，先從七大美德當中選一個自己喜歡的。自由或成就都可以，總之選一個你覺得不錯的項目。

比方說，假如你決定今天來思考自由，請複習本書針對自由的說明，回顧一下那是什麼樣的概念，然後隨便找個求職網站上去看看。

這裡要注意的是，不要使用網頁的檢索功能，用職務、產業和年收入等條件去搜尋，把顯示於網頁上的徵才資訊大致瀏覽過去就好。此時你會發現，「準時上下班」「週休六、日」「平均每月加班十小時」這類字眼一直映入眼簾……

被過去不曾注意的字句吸引，應該會覺得工作上好像出現了新的可能性。因爲事先挑選的「自由」概念深深地印在腦海裡，所以大腦會無意識地受到可以按自己步調走的職業所吸引。如果看到不錯的工作，可以加到初步選項清單裡。

再者，如果你目前處於找不到人生方向的階段，可以先在網路上找「職務一覽」或「職務圖鑑」這類網站來看，打造你的美德注意力。

可以在瀏覽一般行政、指導員、百貨公司銷售員、櫃檯人員、B to B 業務、作業員等大分類的職務時，邊思考以下問題。

①這個職業符合哪一項美德？（如果你是業務，就思考這工作能否發揮自己促進型的特質。）

②只要看到覺得不錯的職務，就把它寫下來。

請試著製作你的清單。這沒有正確答案，選擇吸引你的項目就好。

只要多實踐幾次美德注意力，過去不曾想過的工作，就會逐漸浮現在眼前。如果只出現面對消費者的業務，或是一般行政這類選項，「做銷售好像也可行」「加班時間少感覺也不錯」等，會自然產生新的可能性。

此現象在心理學稱爲「選擇性注意」（selective attention）。這個心理機制指的是，在充滿各式各樣資訊的狀況下，大腦會自動將注意力集中在我們認爲重要的資訊上。

大家應該都遇過這種情況吧？在熱鬧的派對中，可以清楚聽到自己的名字，這也是選擇性注意的代表性案例。

從前面的例子可知，我們的大腦墨守成規，傾向於使用特定的模式思考，因此突然要努力擴展視野、轉換思考其實並不簡單。**但是，如果給大腦一個固定的範圍，**

「思考一下這個美德」，就可以強迫大腦把一半的注意力轉換到其他事情上。

此外，如果你並不急著考慮選擇適合的工作，想一下「今天要來思考哪個美德」，試著整天都去思考這個問題，也是一種方法。

比方說，想著「聚焦」時，走在街上應該會不知不覺地思考自己的動機類型。「便利商店的收銀是防禦型」「服飾店的銷售員是促進型」等想法會自然浮現腦海，解開你硬梆梆的腦袋。

我也會定期做這項練習。只是走在街上，思考卻變得如此寬廣，人的大腦眞是有趣的東西。有機會的話也請務必試試看。

(3) 利用「美德問題」讓未來的道路更加寬廣

接著參考七大美德，繼續擴大你的初步選項清單。請試著問自己下面的問題。

- **自由**：有沒有什麼工作或職務，是自己可以決定工作的時間、地點和步調？
- **成就**：有沒有什麼工作或職務，是可以明確得到工作的回饋？
- **聚焦**：有沒有什麼工作或職務，是可以充分發揮自己的動機類型？

‧**明確**：有沒有什麼工作或職務，是具有明確的任務內容和考核制度？

‧**多樣**：有沒有什麼工作或職務，是可以全程參與專案的上游到下游？

‧**夥伴**：有沒有什麼工作或職務，可以遇到較多跟自己相似的人，或是有較多機會可以結交到朋友？

‧**貢獻**：有沒有什麼工作或職務，更容易看到自己對他人的貢獻，或是可以幫助到更多人？

什麼都可以，請把想到的答案加進初步選項清單裡。想要找到滿足所有條件的工作沒那麼簡單，在這個階段，主要目的是拓展你的視野，並不是要向誰證明什麼，所以請按照自己的意思，把想到的都寫下來。

（4）用八個問題打破框架

但是，在拓展未來的道路時，怎麼也想不出其他選項的情況卻意外地多。很少有人思考「讓人獲得幸福的工作，其共同點爲何」的問題，所以難以解開目光短淺的桎梏，也是很合理。

當你發現，參考了七大美德也想不出什麼好選項時，請試著思考以下的問題。這些都是心理治療時，經常用來提升心理韌性的問題，具有打破思考限制的效果。

①如果初步選項清單上都沒有想做的工作，還有沒有其他可能呢？

②如果現在擁有相當的財富，還會選擇初步清單上的選項嗎？

③如果現在沒有任何不安或擔心的事，還有沒有其他可能呢？

④如果過去的努力（投注的時間和金錢等）全都化爲烏有，還有沒有其他可能的選擇呢？

⑤假如這個初步選項清單是朋友的，你會有什麼樣的建議呢？

⑥選了初步清單上的選項之後，你的人生會失去什麼？（例如：「跟朋友一起玩樂的時間減少」或是「業務的技能無法再往上提升」等。）

⑦如果是自己尊敬的人，他會對初步選項清單提供什麼樣的意見呢？（不在人世或是虛構的人物都可以。）

⑧透過自己的人脈（過去工作上認識的人或朋友等），還能想到什麼其他選項？

在這個階段，寫出不符合七大美德的工作或職務也沒關係。

滿足各個美德的工作，的確比較容易獲得幸福，但如果你覺得「很難放棄薪資好的工作」或是「這間公司給我的感覺很不錯」的話，還是加到清單裡。即使那份工作未必能帶來幸福，也比陷入目光短淺的狀態來得好。

再說，如果「工作只是賺取生活費的手段，從興趣中獲得幸福就好，做什麼都無妨」的選項很吸引你，也可以把它加入清單。把工作當工作，爲興趣而活，也是一種生活態度。人的生活方式不分貴賤，因此在這個階段，請把注意力放在拓展各種可能性上，盡可能把所有想得到的選項都列出來。

本章我們討論了拓展視野、提升工作幸福度時，不可或缺的七大美德。**人容易把視野的極限看作世界的極限，想找到最適合自己的職業，一定要經過第二章的步驟。**

等你實際做了之後就會知道，拓展未來其實是相當愉快的作業。

從薪資、熱情、天職、天賦等既有限制中解放，不少人會覺得自己的可能性變得更寬廣了。歡迎你一起在這個階段，快樂地拓展未來。

6 夥伴

組織內有願意幫助自己的朋友嗎？
◎組織裡有多少人跟自己相似（合得來）？

7 貢獻

對社會有多少貢獻？
◎能輕易看見自己所做的事對他人有好影響嗎？

拓展未來可能性的工具

1 製作初步選項清單

2 利用「美德注意力」尋找可能性

3 利用「美德問題」
讓未來的道路更加寬廣

4 用八個問題打破框架

拓展找工作的視野，
增加職涯的選項。

決定工作幸福感的七大美德

1	自由	工作內容擁有自主權嗎？ ◎在工作時間和步調上，員工擁有多少自主權？ ◎能自由地設定任務內容與進度嗎？ ◎可以自由地針對收入或公司規範表達意見嗎？
2	成就	可以感覺自己在進步嗎？ ◎工作可以得到多少回饋？ ◎是否能明確區分工作的成果和回饋？
3	聚焦	符合自己的動機類型嗎？
4	明確	必須做的事與願景明確嗎？ ◎組織有明確的願景嗎？ ◎爲了實現那個願景，組織有什麼樣的策略？ ◎人事考核制度健全嗎？員工個人的貢獻與失敗，能否以看得見的方式進行評價？
5	多樣	工作內容多元嗎？ ◎專案的上游到下游，你有辦法全程參與嗎？

第三章

除害——黑心職場共通的八大惡事

STEP 3 Avoid evil

「大家買股票時，
都很熱中於研究企業，
但是到了換工作的時候，
卻突然都不發問，也不蒐集資訊了。」

鮑瑞思．葛羅伊斯堡（1971 年～）
美國管理學家
Boris Groysberg
Business scholar, America

什麼因素會妨礙我們選擇幸福的工作？

負面想法比正面想法強六〇〇%

「惡強過善」，科學界很久以前就有這句格言。這也是出現在社會心理學家羅伊．博美斯特的論文中知名的一句話，指的是比起正面經驗，我們更容易記得負面經驗，想忘記負面經驗是很困難的事。

這現象出現在生活中的各種場景，比方說，男女之間的戀愛關係，負面和正面的強度比例大約是五比一——也就是說，情侶吵一次架，如果沒有送禮物或旅行五次，就無法彌補那一次吵架的負面情緒。

商場上的情況更爲嚴峻，負面和正面的強度比例大概是六比一。工作上犯一次錯，就必須成功六次才能彌補，相當費力。

這個法則在尋找適合的工作上也無例外。

在第二章，我們藉由帶給人類幸福的七大美德，爲自己拓展了未來的可能。緊接著，另一個重點就是「負面因素」。

覺得工作很有價值，但工時太長；找到了一份夢想工作，卻看上司不順眼；很喜歡公司的同事，但無法對高層的價值觀產生共鳴。

即使找到的工作非常自由、有成就感，只要工作環境有一個負面因素，七大美德帶來的好處就會歸零。

腦科學的數據顯示，我們的大腦大約會花三到四秒處理負面資訊，但是要將正面資訊儲存爲長期記憶，卻要花上十二秒的時間。人的大腦記得負面情緒的速度之快就像是病毒擴散一樣。

也就是說，只看工作正向積極的面向，不會讓幸福度提升。想穩定地從工作中獲得滿足感，在選擇工作之前，必須盡可能把負面因素排除。

在充滿「惡」的環境工作，比吸二手菸還傷身體

工作中的「惡」是什麼樣的東西？所幸針對這個問題，目前已經有好幾個高品質的統合分析，幫我們找到容易讓人感到壓力的職場條件。

其中又以組織行爲學家傑佛瑞·菲佛主持的統合分析、芝加哥大學自一九七二年起每年實施的大規模全國性調查最爲出名。研究團隊針對數據進行敏感度分析，辨析對員工有不良影響的勞動條件。從研究的結論來說，對我們有不良影響的職場有兩大特徵。

①時間混亂。

②職務混亂。

「時間混亂」指的是，工作時間混亂，造成健康風險增加。常態性長時間勞動、上班時間經常變動、沒有私人時間等，都是工作時間有異常的狀態。

另一個「職務混亂」指的是，工作內容和報酬不具有一致性，導致身體健康出

狀況。工作任務雜亂、薪資給付不公平等，會使我們對工作感到壓力。

在具有這些特徵的職場工作的人，肺癌和胃癌等疾病的發作機率高，也容易受到憂鬱症和焦慮症所苦，經常進出醫院，總結來說容易早死。

這些聽起來眞的對健康很不好，該論文最後做出這樣的結論：「職場上的壓力，比吸二手菸還傷身體。」吸二手菸會增加罹患肺癌和心血管疾病的風險，是大家都知道的事實，但惡劣的職場環境對身心健康的傷害，竟然會增加四〇％的風險，實在是非常可怕。

【特徵一】時間混亂

一週輪班三天就會打亂生理時鐘

讓我們快速看看有哪些職場惡事會傷害身心健康。基本上，時間混亂可再區分出以下子分類。

- **輪班制。**
- **長時間通勤。**
- **長時間工作。**
- **工作與生活失衡。**

上述幾項都會對身心健康帶來不好的影響，讓我們先從輪班制來看。依據二〇一四年針對兩萬名勞動者進行的統合分析，必須不定期於深夜或早晨值班，一週需要輪班三天以上的人，罹患糖尿病的風險比工作朝九晚五的人高出四二％，膽固醇和血壓的數值也高出許多。其他研究也顯示，一年須輪班五十天以上的人，大腦功能測量分數大幅降低，跟同年齡層的人相比，其數值平均衰退了六．五歲。

輪班對身體最嚴重的傷害，就是打亂生理時鐘的規律。

我們的身體為了獲得適當的休息，內建了會在日落時分泌荷爾蒙讓我們想睡覺的機制。但工作是輪班制的人，因為生理時鐘紊亂，睡眠品質下降，對心理與身體都造成極大的不良影響。

很多輪班制工作都與維繫社會民生的運作息息相關，就這個意義上，這類工作對社會非常有貢獻，但另一方面，對人體造成極大的傷害也是不可忽視的事實。因此，有無輪班可以說是選擇工作時必須考量的重點之一。

通勤時間長，容易發胖、離婚

應該沒有人喜歡長時間通勤吧。搭乘擠滿人的電車，除了壓力還是壓力。這幾年的調查數據也指出，**通勤時間越長，人生越不幸**。

其中最有名的，就是經濟學家布魯諾．費萊發表的論文。費萊分析一九八五年至二〇〇三年所做的幸福度調查，得出了這樣的結論：「年收入必須增加四〇%，才得以彌補長時間通勤所帶來的壓力。」比方說，年收入一百萬元的人，至少要漲到一百四十萬元，才得以彌補長時間通勤所帶來的痛苦。

加州大學分析了十萬人的健康數據，也得到了同樣的發現：通勤時間越長的人，不但比較肥胖，就連離婚率也比較高。長時間通勤也會影響你的身材和婚姻生活。

這樣的結果，是因爲長時間通勤對我們的生活造成危害所致。布朗大學的研究團隊推測，通勤時間每增加一分鐘，會對身體健康帶來下列風險。

- 運動時間平均減少〇．〇二五七分鐘。
- 睡眠時間平均減少〇．二二〇五分鐘。

根據行政院主計總處之數據，台灣人的通勤時間平均來回是三十八分鐘，概算下來一年大約會消失三十六個小時的睡眠時間。

一旦到離家遠的公司上班，沒那麼簡單說搬家就搬家，因此通勤時間也是找工作時必須確認的要點之一。

一週工作四十一個小時以上，腦中風的風險升高

過勞對身體不好可以說是常識。就像「過勞死」一詞成了世界共通的用語，工作過度帶來的壓力會破壞幸福，是無庸置疑的。

針對長時間工作和健康風險的關係，以具體的數值來說如下。

- 一週工作時間四十小時以下，不會有太大的問題。
- 當一週工作時間爲四十一小時到四十八小時，腦中風發作的機率提高一〇％。
- 當一週工作時間超過五十五小時，腦中風發生率提高三三％、心血管疾病提

高一三％、糖尿病提高三〇％。

以上數據是收集了歐洲、美國、日本等國約二十二萬人次的數據，追蹤調查約八年所得到的事實。

世界各地的數據都有相同的傾向：一週工作超過四十小時，身體健康會開始拉警報；一週工作超過五十五小時，身心狀況會明顯地開始崩壞。日本的勞動部將「過勞死亡線」訂為一個月加班超過八十小時，但其實在更早的階段，早死的機率就提高了許多。

這些問題，只能從平時預防壓力開始做起，還請多加留意。

當事人對假日工作的壓力毫無自覺

依據前面的統合分析，時間混亂當中對人體危害最大的，就是工作與生活失衡。把工作帶入私生活的工作方式，其不良影響比吸二手菸要來得糟糕。

公私不分的壞影響，許多數據都可以提供證明。以兩千六百人爲對象，持續五年的追蹤調查顯示，未區分工作和私生活的人，罹患憂鬱症的機率，比公私分明的人高出一六六%，焦慮症發作的機率也會提高約一七四%。另一項以兩千人爲對象的研究也顯示，回家後繼續工作的人，幸福度會下降四〇%。

工作與生活失衡是身體健康惡化的原因，不證自明。當工作侵蝕私生活，壓力當然就會暴增，想讓身體維持正常運作且獲得滿足，一定要休息。

但問題是，光是在私生活中思考工作的事，就會讓我們的幸福度大減。

讓我們來看英國一項針對工作與生活平衡所進行的研究。研究團隊詢問金融業的商務人士：「平時會把多少工作帶入私生活？」然後使用專用的壓力測量器，記錄他們的壓力指數。

兩個月之後，從收集到的數據得到以下事實。

- 假日或下班後只要思考工作的事，壓力指數就會顯著增加。
- 運動或按摩等也無法減緩思考工作所帶來的壓力。
- 即使身體對壓力出現了反應，大部分的人卻回答「我並未感受到壓力」。

最可怕的應該是最後一點吧。比方說，只是在週日想了一下「對了，那份資料後來怎樣了……」，壓力就會不知不覺損害你的身心健康。

當事人的個性也是一大問題，所以無法一言以蔽之，但至少要盡量避免進入「假日主管也會聯絡公事」「認爲休假工作是理所當然」的公司。

【特徵二】職務混亂

自由的工作其實不自由的原因

接著讓我們來看另一項影響身心健康的職場特徵——職務混亂。此特徵底下可再區分出幾個子分類。

- **工作不穩定。**
- **沒有社會支持。**
- **工作無自主權。**
- **組織內多不公平之事。**

「工作無自主權」和「組織內多不公平之事」，在第二章的自由和明確單元就已經談過，因此這裡簡單說明除此之外的要點。

首先，第一點「工作不穩定」指的是，同事突然遭到解雇、工作的委託斷斷續續這類沒有穩定感的工作型態。工作不穩定容易對身體健康帶來不好的影響。

「零工經濟」（gig economy）的相關數據，可以幫助我們思考工作不穩定這個非常困難的問題。零工經濟指的是，跟企業之間無雇傭關係，以承攬工作、自由接案爲主的工作型態，應該有不少人都嚮往這種不受場所和時間限制的「自由生活」吧。

尤其這幾年針對自由工作者和個人工作室的服務也增加了不少，其中又最常聽到「不用幫別人工作」或「公司這種型態的組織會逐漸消失」之類的論述。很多人應該都感到焦慮，覺得一定要有一技之長才能養活自己。

但零工經濟眞的是邁向幸福的道路嗎？這必須打上一個大問號。

比方說，牛津大學於二〇一八年，針對亞洲國家六百五十八位自由工作者進行了訪談，調查以網路爲主的零工經濟是否讓他們的人生滿意度提升了。結果得到這樣的事實：「一開始大家因爲可以自由地工作而感到開心，但長期下來，卻對身心健康有害。」

原因很簡單，因為收入不穩定、工作安排不規律、接不到下一份工作等不安，讓人感受到壓力，久而久之，累積的壓力對健康造成了傷害。爲了有穩定的客源，自由工作者必須比一般公司員工更努力地維持高評價，而且必須自己投保保險，幫未來的日子做打算。這些都會對心理造成很大的負擔。

社會學家詹姆斯．艾文斯的調查也顯示，在矽谷參與零工經濟的人，大多煩惱著要如何維持好評價，實際感受到的自由不如想像中多。

零工經濟聽起來很像新時代的工作型態，實際上並沒有那麼自由。

但也有數據證明零工經濟能提升幸福度。

例如，歐洲工商管理學院所做的研究就指出，參與零工經濟的人，其心理健康分數比一般公司的員工平均高出三三％，許多人都認爲零工經濟可以帶來一個好處，也就是第91頁提到的自主權。

聽起來好像有點前後矛盾，但其實並不是那麼一回事，因爲指出零工經濟能提高幸福度的報告，其數據大多也顯示了這樣的事實：「專業技能越高的人，越能夠從自由工作的型態中獲得好處。」

簡單來說，擁有統計或語言等專業技能的人，越能夠藉由零工經濟獲得幸福；透過群眾外包等平台承接低薪案件的人，則會因零工經濟而變得不幸。專業技能高的人容易成功，這是全世界通用的道理，同時也是零工經濟獲得讚賞的理由之一。因爲眞正重要的，並不在於「是否受雇於人」的二擇一選項。

沒有社會支持的職場，其不良影響跟抽菸一樣

谷歌爲了改善員工的工作方式，於二〇一二年展開了「亞里斯多德計畫」。計畫團隊針對公司內一百八十個部門，進行了大規模的訪談，調查生產力高的團隊有什麼不一樣的地方。

最後得出了這樣的結論：「成功團隊的必要條件是『心理安全感』。」「心理安全感」指的是對團隊的信賴感，簡單來說，大概就是即使犯下多麼慘痛的失敗或是丟臉的失誤，也不會被夥伴看不起，而且能獲得適當協助的安心感。

跟心理安全感的重要性相比，其他因素幾乎沒有什麼影響力。就算團隊成員的能力再好，也比不上心理安全感帶來的好處。

谷歌的這個發現，就是從以前就一直備受討論的「社會支持」觀點。早在一九七〇年代，我們的幸福跟同事息息相關的事實就已經廣為人知；現也已經證實，在公司沒有關係良好的朋友，容易罹患心血管疾病和癌症。

讓我們來看看二〇一〇年的統合分析作為參考。此研究以約三十萬人為對象，針對「社會支持的有無與死亡率」進行調查。調查發現，職場上沒有好同事或主管的人，其死亡率比職場上有好同事或主管的人，高出約五〇％。

研究團隊指出，那種不良影響比缺乏運動或抽菸要來得大。與其待在沒有社會支持的職場，不如每天吸菸還比較快活。

為什麼我們這麼重視社會支持呢？因為從演化的角度來看，人類是社會性動物。

在人類演化的環境中，如果不跟關係良好的人一起生活、一起面對外敵的話，無法取得充足的食物。在那樣的環境下演化的結果，使我們在身邊沒有夥伴時充滿危機感。

從外部很難判斷一間公司有無社會支持，但是可以先觀察以下幾點。

- 公司內部有沒有爲了升遷，而有嚴重辦公室鬥爭的跡象？
- 是否有完善的制度要求主管針對員工的成果給予回饋？還是將回饋與否交給管理者自行決定？
- 產假、育嬰假、維繫健康等福利制度是否健全？是否有向員工傳遞「有困難時，公司會伸出援手」的訊息？
- 公司內部有無交流活動？

職場的「八大惡事」排行榜

以下是破壞工作幸福感的八大職場之惡。

依據剛才提到的統合分析研究，這八樣惡事帶來的傷害程度排序如下：

①工作與生活失衡。
②工作不穩定。
③長時間工作。
④輪班制。
⑤工作無自主權。
⑥沒有社會支持。
⑦組織內多不公平之事。
⑧長時間通勤。

整體來看，又以高工作量與工作不穩定兩點的影響最大。確認一下準備應徵的候補公司，有沒有上述八大惡事的特徵。

在找工作的階段，當然不可能看透所有的惡，但是眞的會跟人力仲介或面試官探口風的人卻意外地少。**明明是決定人生方向的關鍵，很多人卻在面試時不開口詢問**。

哈佛大學的管理學家鮑瑞思·葛羅伊斯堡曾這樣評論：「大家買股票時，都很熱中於研究企業，但是到了換工作的時候，卻突然都不發問，也不蒐集資訊了。」為了不讓未來的主管或同事對自己印象不好，因此避免在面試等場合積極提問，似乎是世界共通的現象。

但如果是認眞尋找適合的工作，就不要害怕問問題。直接問面試官也好，問問在那裡工作的人也行。「調薪制度？」「公司內部競爭激烈嗎？」「工作有多少自主權？」等，至少也要問問有沒有剛才提到的職場八大惡事。

如果這時對方支吾其詞、擺臭臉，或是沒有給予明確的答案，都是危險訊號，代表那間公司有問題，不是嗎？

尋找幸福工作的三個決策工具

縮小名單的範圍

透過前面的步驟，已經得到了三個工作衡量標準。

①**與工作幸福感無關的要素**（第一章：找工作時的七大迷思）。

②**容易得到工作幸福感的要素**（第二章：決定工作幸福感的七大美德）。

③**破壞幸福工作的要素**（第三章：黑心職場共通的八大惡事）。

這些條件決定了工作幸福與否，而想要找到符合所有條件的工作，當然也沒那麼容易。喜歡同事，但討厭上司；對工作內容充滿熱情，但通勤時間卻很長——再好的公司都有缺點，一心追求完美的職場，恐怕永遠找不到好工作。

爲了解決這樣的問題，讓我們接著來看看，該怎麼挑選能爲現在的你帶來最多幸福的工作。這時要特別注意，以三個衡量標準爲基礎，思考最適合你的工作，然後利用第二章製作的候補名單縮小範圍。

具體來說有三個技巧，每一種技巧都是商業或投資上經常使用的決策手法，用了一定可以提升找到好工作的機率。以下按順序爲各位簡單介紹。

層次一：利弊分析

「利弊分析」是十八世紀就存在的經典決策法，可以用來決定大概方向。利弊分析沒有複雜的步驟，因此在做單純的選擇時，能發揮非常大的作用，如「要不要辭掉工作？」「要到這間公司工作嗎？」這類問題。

利弊分析（pros and cons）源自拉丁語的「pros」（贊成）和「cons」（反對），針對特定選項，條列出優缺點進行分析。

(1) 寫下煩惱

如左頁表格所示，在表格的最上方，用肯定句形式的句子寫下自己的煩惱。比方說，如果是「要不要辭掉工作」，就寫「我要辭掉工作」；如果是「要到這間公司工作嗎」，就寫「我要到這間公司工作」。

(2) 條列利弊得失

針對自己的煩惱，把所有想得到的「利」（優點）和「弊」（缺點）都寫出來。像薪水減少可以用數字表示，也可以用「我改變想法了」來表示主觀想法的變化。請把你認爲的優缺點全部條列出來。

(3) 利弊計分

滿分爲五分，針對條列出的利弊重要性個別評分。最重要的給五分，最不重要的給一分。

利弊分析

我要辭掉工作			
利	重要性	弊	重要性
可以遠離討厭的上司	5	薪水減少	4
可以拿到退休金	3	可以拿到的 退休金額減少	2
人事考核可以重新計算	1	國民年金減少	1
可以重新出發	5	履歷給人的印象 可能會變差……	2
		在新公司必須從零開始	3
		福利減少	1
總計	14	總計	13

(4) **最終判斷**

分別計算利弊的總分，結束分析。上表有利欄位的總分，比弊害的總分高出一分，因此就現階段來說，「辭掉工作」的好處應該比較多。

層次二：矩陣分析

利弊分析是非常簡單的分析技巧，但不適合有多種選項的決策。當我們必須從多個候補中挑出不錯的選擇時，需要更進階的分析工具。

這個時候，「矩陣分析」（matrix analysis）便是很好的工具。矩陣分析是由設計工程師史考特．佩悠提出的技法，這個方法能幫助我們不受情緒影響，提高客觀的判斷力，美軍現在也使用此方法進行決策。分析方式如下。

(1) 條列判斷基準

首先，如左頁的表格，將前面提到容易得到工作幸福感的要素與破壞幸福工作的要素，條列到最左邊的「基準」欄位。

範例列了十二種要素，但是你可以刪掉不符合現況的。例如，你現在打算進入的候補公司並沒有輪班制的狀況，就可以把輪班制這個要素刪掉。如果你不知道要用什麼基準判斷，可以直接以此範例來分析。

(2) 條列候補名單

請在表格最上方，填入你期望的候補工作。這個範例是具體寫出公司名，但如果還沒有具體的候補公司，請列出職務，例如：「B to B 業務」或「一般行政」，也可以填「製造業」或「大眾傳播業」等。

基準	權重	A 公司	B 公司	C 公司
工作與生活平衡		3	4	2
工作穩定		2	3	2
工作時間		2	2	1
輪班制		1	2	5
通勤時間		3	3	1
自由（工作的自主權）		3	2	3
成就（有無回饋機制）		2	3	2
明確（任務、願景、評價基準的明確性）		3	2	2
多樣（全程參與專案）		2	1	2
聚焦（動機類型）		3	3	4
夥伴（有無社會支持）		4	2	2
貢獻（可以明確知道自己對他人有多少貢獻）		2	3	5
	總計			

(3) 為候補工作評分

滿分爲五分，按照各基準，針對候補工作進行評分，非常好的話請給五分，非常差請給零分。

比方說，如果目前已知 A 公司工作時間長，就在 A 公司的「工作時間」那個空格填上零分或一分；如果判斷 B 公司的工作自由度高，就寫下四分或五分。如果完全不知道候補名單的狀況，就先按印象評分，等取得新資訊再修改分數。

(4) 設定權重

滿分爲三分，依據各基準的重要性設定「權重」——如果你覺得很重要就給三分，覺得有點重要就給兩分，覺得普通重要就給一分。

(5) 最終判斷

將剛才針對候補工作的評分，與基準重要性的權重相乘，算出所有分數。全部計算完，將各候補工作的分數加總後結束分析。從左頁的表格範例，可以判斷現階段的候補當中，以 C 公司最爲合適。

基準	權重	A 公司	B 公司	C 公司
工作與生活平衡	3	9	12	6
工作穩定	1	2	3	2
工作時間	2	4	4	2
輪班制	3	3	6	15
通勤時間	2	6	6	2
自由（工作的自主權）	3	9	6	9
成就（有無回饋機制）	3	6	9	6
明確（任務、願景、評價基準的明確性）	1	3	2	2
多樣（全程參與專案）	1	2	1	2
聚焦（動機類型）	1	3	3	4
夥伴（有無社會支持）	3	12	6	6
貢獻（可以明確知道自己對他人有多少貢獻）	3	6	9	15
	總計	**65**	**67**	**71**

層次三：層級分析法

最後要介紹的是「層級分析法」（analytic hierarchy process，簡稱ＡＨＰ）。層級分析法是統計學家湯瑪斯．薩蒂於美國國防部因應軍備縮減問題時，研擬出來的分析技巧。此分析法不僅使用於微軟公司的軟體品質測試、賓夕法尼亞大學的教授遴選、美國農業部的管理選擇，就連世界各地的大學也有相關的教育學程。

不只是客觀的數據，主觀的喜好也可以作爲此分析法的判斷素材，因此也很適合拿來解決尋找適合的工作這類比較個人的問題。但進行方式也相對複雜，操作起來較爲困難，不過就提高決策的準確度來說，層級分析法可以說是最佳的分析工具。

(1) 設定層級一

如第162頁的圖表所示，請先於層級一設定自己的最終目標。只要是跟工作相關的選項都可以，例如：「尋找最好的新東家」或是「決定是否換工作」等。

(2) 設定層級二

在層級二，將前面提到容易得到工作幸福感的要素，與破壞幸福的要素條列出來。

範例列了十二種要素，但是你可以刪掉不符合現況的。如果不知道要用什麼基準判斷，可以直接以範例的要素來分析。

(3) 設定層級三

請於層級三寫下達成層級一的目標所需的資訊。如果目標是「尋找最好的新東家」，就在層級三寫下想去工作的公司名稱。如果目標是「該不該換工作」，層級三只要分爲「換工作」跟「不換工作」兩種就可以了。

(4) 設定層級二的評價值

如果是最原始的層級分析法，接下來必須檢視所有的判斷要素，但計算方式過於繁雜，因此這裡採用較爲簡易的版本。請依據下列順序，爲層級二條列的要素進行評分。

層級圖

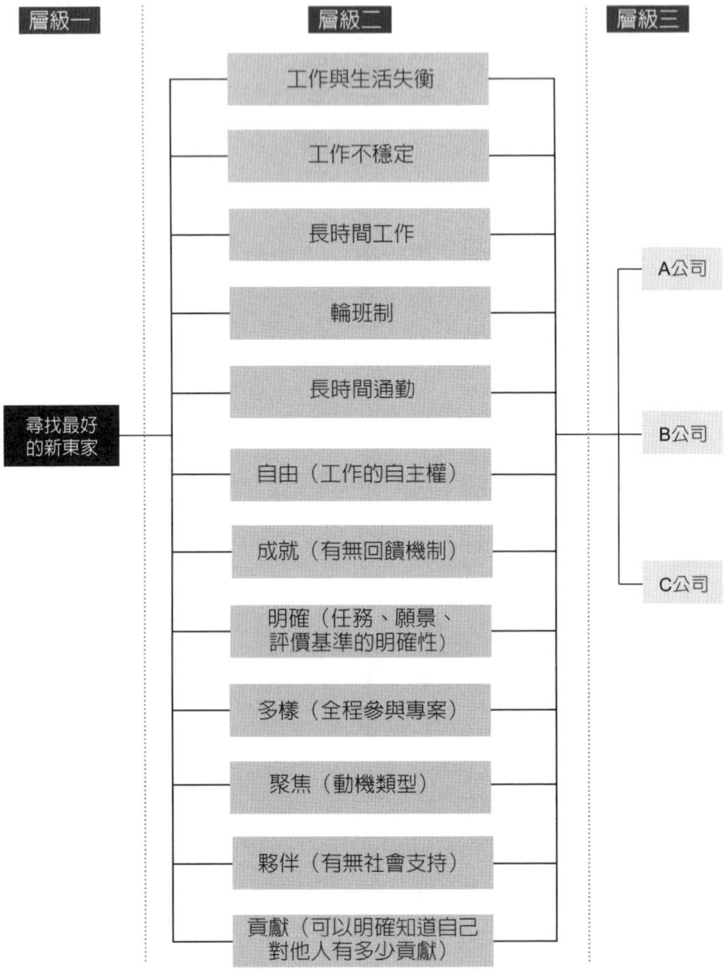
層級一
層級二
層級三
尋找最好
的新東家
工作與生活失衡
工作不穩定
長時間工作
輪班制
長時間通勤
自由（工作的自主權）
成就（有無回饋機制）
明確（任務、願景、
評價基準的明確性）
多樣（全程參與專案）
聚焦（動機類型）
夥伴（有無社會支持）
貢獻（可以明確知道自己
對他人有多少貢獻）
A公司
B公司
C公司

首先，按照判斷基準的數量，決定評分的方式。比方說，範例層級二的判斷基準數量是十二個，就用「一、三、五、七、九、十一、十三、十五、十七、十九、二十一、二十三」這十二個數值爲判斷基準評分。同樣的，如果判斷基準的數量是三個，就使用「一、三、五」這三個數值來評分。評分的數值也可以使用偶數，只是用奇數，之後的計算會比較輕鬆。

接著，針對層級二的各判斷基準，依據重要性，按順序以剛才設定好的數值來評分。評價較高的給較大的數字，評價較低的則給較小的數字。

重要性可以按照你的主觀判斷來決定。請按照直覺，給你覺得「這很重要」的項目高分。

大家可能會覺得，主觀判斷好嗎？但層級分析法本來就是爲了將人的第六感或直覺這種難以說明的部分合理化，所研發出來的分析技巧，所以，現階段依賴主觀判斷是沒有問題的。

如果針對各項目不知道該怎麼評分，請參考第150頁「職場的八大惡事排行榜」。這個評價值一般會定期修正，所以只要先塡暫定的數值即可。

（5）計算層級二的重要性

針對層級二各項目獲得的評價值，計算其重要性。用人工計算太麻煩了，所以請用試算表等軟體，以「各項目的評價值÷評價值的總和」來算出重要性。

比方說，左頁的十二個評價值總和是「144」，工作與生活失衡的重要性就是「15÷144＝0.10」（四捨五入至小數點第二位）。用同樣的方式，分別計算出所有項目的重要性。

（6）計算層級三的重要性

接著，跟層級二一樣，計算出層級三的重要性。這裡要將你覺得不錯的工作，用層級二的項目來評分。

以第166頁計算工作與生活失衡重要性的表格為例。這個時候，先針對候補的A、B、C公司思考：到這間公司後工作與生活能取得平衡嗎？然後決定各間公司的評價值。如同設定層級二的分數，用主觀感覺評分也沒關係。請依據下列基準大概給個分數。

層級二各項目的重要性

	評價值	重要性
工作與生活失衡	15	0.10
工作不穩定	13	0.09
長時間工作	7	0.05
輪班制	9	0.06
長時間通勤	1	0.01
自由（工作的自主權）	19	0.13
成就（有無回饋機制）	17	0.12
明確（任務、願景、評價基準的明確性）	11	0.08
多樣（全程參與專案）	5	0.03
聚焦（動機類型）	3	0.02
夥伴（有無社會支持）	21	0.15
貢獻（可以明確知道自己對他人有多少貢獻）	23	0.16
	144	**1.00**

工作與生活失衡的層級三重要性

	A 公司	B 公司	C 公司	總計
評價值	5	3	1	9
重要性	0.56	0.33	0.11	1

自由（工作的自主權）的層級三重要性

	A 公司	B 公司	C 公司	總計
評價值	5	1	3	9
重要性	0.56	0.11	0.33	1

聚焦（動機類型）的層級三重要性

	A 公司	B 公司	C 公司	總計
評價值	3	5	1	9
重要性	0.33	0.56	0.11	1

5：佳

3：普通

1：差

在這個例子中，以工作與生活平衡來判斷，A公司為佳，所以給五分；B公司判斷為普通，給三分；C公司最差，所以給一分。

這裡有三個地方必須注意。

- **依據主觀和客觀判斷來評分：**評分時，從主觀和客觀兩方面來判斷。針對工作與生活平衡，若現階段擁有各公司明確的資訊，就依據相關資訊進行評分；如果尚未開始調查的話，就以主觀判斷來評分。
- **嚴禁同分：**雖然的確有可能會碰到感覺A、B公司的工作與生活平衡好像差不多的情況，但如果都給三分的話，很難做出最終決定。因此，單憑印象也沒關係，一定要針對所有選項做出高低優劣的判斷。
- **評價值的數量，隨選項數量增減：**此例只比較了A、B、C三家公司，但是也可能必須比較三個以上的選項，這時，請依據選項的數量，增加評價值的數量。

接著，請按照「各項目的評價值÷評價值的總和」的公式，個別計算重要性。在此例，「A公司＋B公司＋C公司＝9分」，所以A公司的工作與生活平衡重要性就是「5÷9＝0.56」（四捨五入至小數點第二位）。用同樣的方式，將層級二所有項目的重要性計算出來就結束了。

計算過程相當繁瑣，但爲了提高決策的準確度，像這樣比較各個項目是不可欠缺的。人的大腦不擅長針對多選項進行判斷，因此當眼前一次出現大量選項時，我們無法冷靜決斷。

但只要一個一個地比較選項，就能夠明確列出各企業或職場的優缺點，並做出更合理的判斷。這種手法叫作「成對比較法」（paired comparison），是想做出最佳決策時不可或缺的技巧。

(7) 綜合評價

計算出所有的重要性之後，把全部的數值加總，算出最終評價。這裡再次使用工作與生活失衡的例子，讓我們一個一個步驟來看。

①**確認層級二和層級三的重要性**：首先，在層級二的重要性（請參考第165頁）計算出的工作與生活失衡重要性是「0.10」。接著，在層級三的重要性（請參考第166頁）計算出A公司於工作與生活失衡項目的重要性是「0.56」。

②**將重要性相乘**：請將工作與生活失衡與A公司的重要性相乘，此例爲「0.10×0.56＝0.056」。

③**將所有項目的重要性相乘**：如②，「自由的重要性×A公司的重要性」「聚焦的重要性×A公司的重要性」，像這樣將層級二和層級三的所有項目相乘。A公司的相乘做完之後，B公司和C公司等候補選項也進行相同的作業，計算出所有的重要性。

④**將層級三所有的重要性相加**：將③計算出來的層級三各項目重要性相加。以第170頁的表格爲例，將A公司的「工作與生活平衡」「自由」「聚焦」等所

綜合評價

	工作與生活平衡	自由	聚焦	綜合評價
A 公司	0.10×0.56	0.13×0.56	0.02×0.33	0.1354
B 公司	0.10×0.33	0.13×0.11	0.02×0.56	0.0586
C 公司	0.10×0.11	0.13×0.33	0.02×0.11	0.0561

有項目相加，就會是最終的綜合評價。之後也請將其他候補選項，如B公司和C公司的所有項目相加。

⑤**比較綜合評價**：最後請依據所有的綜合評價做判斷。在此例，A公司的數值最高，爲「0.1354」，因此在這三個候補選項中，應該要以A公司優先。

層級分析法到此結束。過程看起來有點麻煩，但只要利用試算表等輔助軟體，就可以省下不少工夫。雖然使用這個方法未必可以找到最好的工作，但只要確實執行，一定可以提升決策的準確度。

另外，這個分析並不是做一次就好。因爲之後若取得新的資訊，或是價值觀發生變化，隨時修改評分是很正常的，而且必須重新做下一個層級的分析，反覆作業能提升決策的準確度，此時分數應該又會發生變化。

總而言之，在選擇適合的工作時，層級分析法的利弊分析能爲你提供指引。找工作沒有什麼唯一的正確答案，但是找到大致的方向會比較踏實。

本章討論了選擇適合的工作時必須考量的職場之惡，以及縮小工作選項範圍的實用分析技巧。使用任何一種分析技巧，都比懵懵懂懂地找，更能提高找工作的成功機率。

但有科學依據、正確地選擇適合的工作之作業尚未結束。過去的研究顯示，單純分析企業的數據或自己的喜好，無法做出眞正高準確度的決策。

因此，在下一章，我們要來看看妨礙正確職業分析的主因爲何，以及讓你在選擇適合的工作時失敗的最大因素是什麼。

7 組織內多不公平之事

8 長時間通勤

三個決策工具

1 層次一：利弊分析

2 層次二：矩陣分析

3 層次三：層級分析法

盡可能排除工作的負面因素，
縮小選項範圍。

黑心職場共通的八大惡事

1 工作與生活失衡
× 假日還會收到工作聯絡，休假時工作是理所當然。

2 工作不穩定
× 可能會突然遭到解雇、突然失去收入或案子，總是提心吊膽。

3 長時間工作
× 一週工作超過 41 小時。

4 輪班制

5 工作無自主權

6 沒有社會支持
× 組織內部競爭過於激烈。 × 沒有交流活動。
× 無明確的回饋機制，由管理者自行決定。
× 休假、補助等福利制度不健全，感受不到「有困難時公司會伸出援手」。

第四章

察覺偏誤

——去除偏誤的四大技法

STEP
4
Keep human bias out

「最好騙的人，
其實是自己。」

愛德華．布爾沃－利頓（1803 年～ 1873 年）
英國政治家
Edward George Earle Lytton Bulwer-Lytton
Politician, United Kingdom

偏誤是讓人類大腦發生異常的「程式錯誤」

什麼樣的「程序」可以讓決策品質提高六〇〇%？

跟沒有任何策略、用直覺做決定相比，利用第三章提到的工具，分析職涯選擇、計算數值、縮小優良候補名單，可以幫助你做出較佳的判斷。

但邁向正確職涯選擇的道路還沒結束。**因為我們的決策力有個天生的嚴重「程式錯誤」，使我們再怎麼努力分析企業的財務報表，再怎麼認真做自我分析，也無法做出正確的職涯選擇。**

近年來，一定要先刪掉大腦裡的程式錯誤，再進行資訊分析的想法，在管理學領域越來越普及，證明了上述問題有多嚴重。

這裡以麥肯錫的實驗來說明。實驗以兩千兩百零七位高階主管爲對象，蒐集他們近期超過一千件以上的決策，例如「應該投資其他商品嗎？」「應該跨足新事業嗎？」，調查他們於商業上的決斷最後得到了什麼樣的成果。

當時，實驗從兩個面向調查了高階主管的決策風格。

- 在做任何決定之前，會進行什麼樣的資料分析？
- 是否有決定時的固定程序？

大部分的高階主管在決策前，都會進行大量的資料分析。進行敏感度分析以因應不確定性，使用高難度的金融模型，利用嚴謹的數字分析籌募資金的可能性，是最爲常見的模式。

然而，有明確決策程序的高階主管少之又少。比方說，傾聽第三者的意見、在團隊裡聽取反對意見、假設可能發生的最糟狀況，事先決定要用什麼樣的步驟做決斷的高階主管僅爲少數。

調查結束後，確認他們的決策帶來了多少利益，最後得到以下的事實。

・想做出正確的決策，去除大腦程式錯誤的程序，比嚴謹的資料分析還重要六〇〇%。

這個數字是不是很驚人？**若沒有一個去除大腦程式錯誤的程序，使用再嚴謹的模型分析，也只是增加做出錯誤決策的機率而已。**

研究團隊表示：「我們並不是要批評『分析』沒有意義，但是這次的研究數據顯示，按一套完整程序所做的決策，大多立基於優質的分析上。因爲程序去除了大腦的程式錯誤，結果就是排除了低品質的分析。」

也就是說，只要確實去除大腦的程式錯誤，做出正確決定的機率就會大幅提升。那個過程並不輕鬆，但如果去除大腦程式錯誤比資料分析重要六〇〇%的話，一定要去做不是嗎？

什麼樣的問題，只有不到兩成的人答對？

行為經濟學將我們與生俱來的程式錯誤稱為「偏誤」。偏誤也就是偏頗的看法，指的是人類常犯的錯誤。

讓我們用下面的例子來思考一下什麼是偏誤。

「有一對父子出了車禍，爸爸被送往附近的醫院，男孩被送到另一家醫院。所幸那間醫院的院長是位享負盛名的天才，馬上準備為男孩動手術。但院長看見送到醫院的男孩，立刻就說：『我沒辦法幫他動手術，他是我的兒子，我怕會失敗。』這是怎麼一回事呢？」

發生車禍的父親，是男孩母親的再婚對象嗎？還是有其他不可告人的事情？問題看似難解，但答案非常簡單。負責手術的醫生，其實是男孩的母親。

這是心理學研究實際使用過的問題，即使再怎麼聰明的群體，也只有不到兩成的人能馬上回答出正確答案，因為大部分的人聽到問題，馬上會覺得「院長一定是男性」，並未試著尋找其他可能的答案。這就是偏誤大致的結構。

偏誤有各種不同種類，目前經研究證實的大約有一百七十種以上。這些偏誤使我們做出錯誤的決策、扭曲記憶、破壞人際關係，從各方面誘使我們走上錯誤的道路。

在尋找適合的工作上，偏誤也帶來了不良影響，例如「確認偏誤」（confirmation bias）。確認偏誤指的是，一旦有了自己的想法，就會只蒐集可以支持自己看法的證據之心理現象。例如，**認為自己當老闆是現在最棒的工作方式，就只會蒐集創業成功的人的資訊、只跟有相同想法的夥伴來往，這是非常典型的例子**。

一旦陷入這種狀態，就會忽視大企業的正面新聞或是創業失敗等資訊，最後開始批評跟自己有不同人生觀的人，這種情況並不少見。這個機制跟邪教的運作是一樣的。

我們必須克服的偏見多如山，但我們在這裡概略地看一下除了確認偏誤以外，容易妨礙找工作的偏誤。

◎錨定效應

錨定效應指的是，因選項的呈現方式，使我們做出不同決定的心理現象。比方說，假設你在選擇新東家的最初階段，被年收入一百五十萬元的企業所吸引，這個時候「年收入一百五十萬元」就會變成基準値，如同第一章提到的，你明明知道錢不重要，但是年收入一百五十萬元以下的工作，怎麼也無法滿足你。

◎真相錯覺效應

眞相錯覺效應指的是，只因爲常常聽到看到，就覺得「那就是眞實」的心理現象。例如在新聞網站上多次看到「過去的觀念不適用於未來的工作」「今後是講究個人能力的時代」這類言論，即使那樣的言論背後沒有任何數字或數據的支持，卻以爲那就是事實。

◎聚焦效應

找工作時，你以爲你重視的條件帶來的影響力很大，實則不然。比方說，假設你覺得要是新公司的員工餐跟谷歌公司一樣好吃就太棒了，便會過於重視員工餐帶來的喜悅。當你覺得員工福利絕對不能妥協，就會誤以爲重視員工福利的公司比實際狀況還要好。

◎沉沒成本

沉沒成本效應指的是，因爲過去投入了許多時間和金錢，所以緊抓著沒有好處的選項不放的狀態。如果你在公司努力工作了好多年，即使公司的業績惡化，恐怕也很難馬上決定換工作吧。要捨棄過去的自己並不是件容易的事，沉沒成本也是妨礙幸福的原因之一。

◎情緒偏誤

情緒偏誤指的是，即使證據顯示自己的想法錯誤，我們卻不願意面對，緊抓著讓人愉快的資訊不放的心理傾向。誰都不願意接受殘酷的事實，但過於迴避負面情緒的結果就是，容易把注意力都放在「把興趣當飯吃」「十年後發光發熱的企業就是它了」這類過於簡化的資訊上，大家應該都有這樣的經驗吧。

「蠢的都是別人」的問題

看到這裡，有些人可能會覺得有點沮喪。被別人說「你在無意識間做了錯誤的判斷」，沒有人會感到愉快，也沒有人喜歡承認自己的錯誤。

但如果這個時候產生負面的情緒，可以說是非常好的徵兆。因爲這個問題最棘手的地方就是，大部分人都只覺得「有些人眞的會那樣」，不認爲自己也有同樣的問題。以爲犯蠢的都是別人，覺得偏誤什麼的跟自己無關的人非常多。

不僅是尋找工作，在決定結婚對象或是選擇投資對象等影響人生的決定上，很多人都只憑藉眼前的資訊，馬上就做出決定。而且大部分人幾乎都沒察覺到，自己用了有限的資訊做了重要的決策。

以主修心理學的學生爲對象的實驗就指出，那些學生平常讀了非常多跟偏誤相關的論文，但大部分的人卻認爲自己一定沒問題。從事心理偏誤研究而獲得諾貝爾經濟學獎的丹尼爾．康納曼看了那慘況，也不禁感慨道：「傳遞心理學的知識，一切都是枉然。」

就連我自己，有時也會以爲「自己沒問題」，而落入陷阱。每次都必須使用後面會提到的技巧，努力擺脫偏誤的陷阱。**看了前面確認偏誤的說明，如果你只覺得「那好像很常發生」，很有可能一隻腳已經踏入陷阱裡了。**

但是說再多「不要以爲自己不會發生偏誤」，效果也是有限的。偏誤就像基因，是深植於我們體內的超強程式錯誤，只要稍不留意，意識馬上就會被奪走，甚至無法察覺到思考已經遭到偏誤綁架。雖說如此，要隨時隨地留意自己的想法是否扭曲，恐怕有點不切實際。

要切記的是，事先決定好一套具體的程序，謹慎地確認自己是否出現偏誤。想走在正確的道路上，除了一一驗證所有的選項之外，沒有其他更好的方法。

究竟是什麼樣的程序，能夠去除偏誤，幫助排除尋找適合的工作的障礙呢？

如前面所說，偏誤數量多如山，個別擊破太沒效率。如果要去除所有的偏誤，恐怕光選擇適合的工作，人生就結束了。

因此，接下來我想介紹一套全面性的程序，幫助各位跟各種不同的偏誤保持恰到好處的距離。這套程序分爲「時間操作類」與「觀點操作類」兩種，你可以隨便選一種嘗試看看。請先概略閱讀以下內容，選擇你覺得不錯的方法試試。

如果你利用後面介紹的技巧，察覺到自己有偏誤時，請隨時修正第三章「矩陣分析」和「層級分析法」中的分數。

例如，在去除偏誤的過程中，發現符合「聚焦」這項條件的工作比自己想像的還重要，如果是矩陣分析，請增加聚焦的權重；如果是層級分析法，增加聚焦項目的評價值即可。

同樣的，當你發現自己過度評價 A 公司的工作與生活平衡時，就請降低 A 公司和工作與生活平衡的評分。要做到什麼程度，沒有固定的標準，但目前已知，去除偏誤的次數越多，決策的精確度越高。所以在必須做出最後決定的時刻來臨前，請找機會確認一下自己有什麼樣的偏誤。

時間操作類程序

如第一章提到的，人類是非常不擅長預測未來的生物。我們容易忘記描繪明確的未來圖像，常常膝反射地想都沒想就採取行動，例如「我討厭現在的工作，先辭掉再說」或是「我想到成長中的企業工作」等。

時間操作類的程序，就是爲了解決這類問題。其最終目標是，**盡可能描繪出具體的未來圖像，避免做出短視近利的判斷。**

技法一：10／10／10測驗
——做了這個選擇，十年後會變成怎樣？

「10／10／10測驗」是由美國記者蘇西．威爾許提出的決策框架。方法很簡單，就是針對個別選項，思考下列問題。

①做了這個選擇，十分鐘後會變成怎樣？
②做了這個選擇，十個月後會變成怎樣？
③做了這個選擇，十年後會變成怎樣？

「10／10／10測驗」的目標，就是利用短·中·長期的時間軸，讓自己暫時脫離眼前的偏誤。假設你正在煩惱是否該換工作，可以如下運用「10／10／10測驗」。

◎**十分鐘後**？「現在下定決心跳槽的話，十分鐘後就可以從討厭的工作中解放，獲得心靈的平靜。」

◎**十個月後**？「剛離職時那如釋重負的感覺越來越薄弱，而且爲了趕快習慣新工作，可能會忙得半死，但不後悔換工作。」

◎**十年後**？「十年後，換工作與否根本不是什麼煩惱了……但十年前跳槽的決定是對的。」

雖然這個例子的最終結論是「應該換工作」，但狀況因人而異，所以可能也會出現這樣的判斷：「繼續留在現在的公司可能比較好」或是「從長遠的角度來看，是否換工作這個問題的設定根本就是錯的」。

延伸自我，習得更高層次的判斷力

雖然「10／10／10測驗」的效果，並未經過正式論文審查的證實，但許多數據都顯示，想像未來的自己能提升判斷力。

讓我們來看看哈佛大學所做的實驗。研究團隊以八十一位男女為對象，將受試者分組，請他們花五分鐘，分別想像「不久之前」「不久之後」「遙遠未來」的自己。「幾天前的自己做了些什麼？」「數十年後，自己會從事什麼樣的工作？」等，請受試者依據多個時間軸，描繪自己過去或未來的圖像。

然後，請受試者回答「去森林或雪山旅行時，應該要帶什麼才好呢？」等問題，調查受試者的判斷力有無不同，結果發現明顯的差異：描繪不久之後和遙遠未來的組別，比其他組別具有更好的記憶力，而且面對測試判斷力的問題，也有較高的機率能答出很好的答案。

思考未來，使判斷力提升的現象，在心理學稱為「延伸的自我」（extended self）。

舉個簡單的例子來說，思考是否該換工作的問題時，因爲過於把思考限縮在「現在」，而無法突破想像的界限；但試著想像未來的具體圖像，應該可以實際感受到「現在的選擇會影響未來的自己」，而得以從更加寬廣的視野做出判斷。

老實說，我只要一有機會就會使用「10／10／10測驗」。從工作多年的出版社跳到別間公司，然後又辭掉工作去創業，在決定人生的重要大事時，我都會想像十年後的自己，爲未來做決策。我現在能夠以自由工作者的身分工作，生活勉勉強強還過得去，可能也是多虧了定期延伸自我的關係。

技法二：事前驗屍
——將預測未來的準確度提高三〇%

事前驗屍（premortem）一詞源自醫學術語「屍體剖檢」（postmortem），是一種去除偏誤的技巧，自二〇〇〇年代的哈佛商學院開始盛行。

事前驗屍聽起來好像很可怕，其實概念很簡單，重點就在於「以失敗為前提做決策」，刻意想像未來的自己找工作失敗，讓偏誤的影響降至最低。

這個方法的效果已經得到多個研究的證實，賓夕法尼亞大學的研究指出，使用事前驗屍法的受試者，預測的精確度平均上升了三〇%。在商場上，事前驗屍經常被當作管理工具使用，但近年來，事前驗屍也已被證實具有更廣泛的效果，因此最近也逐漸應用於職涯選擇上。具體步驟說明如下。

（1）假定失敗

想像三年後的未來，你的選擇全部以徹底失敗告終。

換了新工作，卻被迫去做沒有興趣的事。業績完全不穩定，未來讓人感到不安。

換了工作之後，過去建立的人脈都沒了。薪資增加了，但工作量過多，失去了私人時間。

請以主觀看法決定徹底失敗的內容，花五到十分鐘左右，思考「如果我做錯了決定會怎樣」，想像對你而言最糟的結果，然後寫在紙上。

有些人可能會覺得，描繪失敗的樣子，只是讓自己感到沮喪而已。但就像目光短淺的章節所說明的，想預防過度自信的問題，刻意想像最糟的未來是最佳對策。

(2) 探索原因

接著，思考什麼樣的原因可能會導致前面的徹底失敗，寫在紙上。思考自己平常容易犯下什麼樣的錯誤，盡量想出實際可能的原因。

如果想不出失敗的原因，請試著思考以下問題。

- 如果自己選擇的工作全部都是錯的，該怎麼辦？
- 想進去的新公司跟自己合拍的證據是什麼？
- 新公司的未來有前途的證據是什麼？

• 是不是被表面的頭銜或職位吸引，而決定要去那間公司呢？
• 如果現在的主管不在了，你對目前任職公司的評價會有變化嗎？
• 如果目前任職的公司業績成長了，你還會想要換工作嗎？
• 上一份工作的成就，有多少是因爲有同事和主管協助，或公司光環的助力呢？
• 如果新工作的薪水跟現在差不多，你還會跳槽嗎？
• 如果選了新工作，會對過去建立的人際關係或人脈造成影響嗎？
• 之所以對現狀感到不滿，有沒有可能不是因爲情況或環境的關係，而是自己本身的問題呢？
• 你覺得目前找工作的日程安排已經夠好了的理由爲何？

(3) **想像過程**

如果想出失敗的原因，請按時間順序具體想像失敗的過程。比方說，「換了工作，但薪水不平等，失去工作動力」這種失敗：

「想無縫接軌換工作，所以只在網路上稍微搜尋一下就決定面試」→「面試時，並未詢問面試官業績考核方式」→「進公司半年後，發現沒什麼在做事的同事拿的薪水比自己高」。

像這樣按順序想像你做出的決定以失敗告終的過程。想像失敗的過程時，可以把時間軸切成兩到三個區間，想像起來會比較容易。

在這個階段，最重要的關鍵就在於**失敗過程的具體程度**。面試時忘記詢問重要的事而感到後悔，或對薪水不平等感到不滿，請把事情當成眞的發生般去想像。過程可能會使心情有點沮喪，但也因此能避免確認偏誤的發生，提升選到適合工作的機率。

（4）思考對策

在這個階段，要思考如何因應上個階段所想像的失敗。例如，「事先跟在那間公司工作的人確認業績考核的方式，面試時也會問清楚」「修改找工作的時程安排，改爲更加實際可行的日期」等，思考怎麼做可以預防失敗。

擬定預防失敗的對策之後，依據對策再次修正找工作的流程。

在事前驗屍的過程中，若發現自己太拘泥於金錢，就先不考量薪資，重新調整候補名單；如果將換工作的所需時間設得太短，就重新設定一個較有餘裕的進度安排；如果覺得現在的工作其實沒那麼差，就重新思考跳槽的計畫。

像這樣，針對每一個可能發生的問題，訂定明確的因應對策。過去的事前驗屍研究指出，很多人都會在這個階段找出不少問題，例如「調查太草率了」「過於短視」「我只不過是想逃避人際關係的問題而已」等。

如前面所說，**即使擁有再強理性思考力的人，也會做出錯誤的決策**。想要降低錯誤發生的機率，就算對目前的判斷很有自信，也要藉由事前驗屍檢視決策的品質。

觀點操作類程序

歸根究柢，偏誤的問題其實就是我們根本不了解自己。應該有不少人都有這樣的煩惱吧，明明很會給別人意見，卻無法好好處理自己的問題。

這個現象已經獲得多個實驗的證實，俗稱「所羅門悖論」（Solomon's paradox）。古代以色列王國的國王所羅門，是非常有智慧的君主，但是卻不懂得如何處理發生在自己身上的問題。

觀點操作類程序是可以幫助我們對抗所羅門悖論的技巧。如字面所示，**觀點操作類程序指的是，控制觀點、克服偏誤的手法**，能提升我們的判斷力。

技法三：第三人稱轉職筆記——模仿凱薩大帝，提升決策的準確度

要從不同的觀點來思考，這意見很常聽到，但做起來很難。如果能這麼輕鬆就取得多種觀點，尋找適合的工作也用不著那麼辛苦了。

想從不同的觀點思考，「第三人稱轉職筆記」的方法很有效。這裡的第三人稱（illeist）源自拉丁語的「ille」（他），古羅馬的凱撒大帝在《高盧戰記》中，就

是以「他圍攻了城鎮」來描寫自己的行爲。第三人稱轉職筆記指的就是一種以彷彿在說別人故事的方式書寫自己的修辭法。

第三人稱轉職筆記的重點就是用第三人稱記錄自己的行爲，這也是加拿大滑鐵盧大學提倡的去偏誤程序，其效果已獲得三百人的實證研究證實。

研究團隊先詢問受試者：「請告訴我們，那一天的決策當中，什麼最讓你感到苦惱？」讓他們想起「思考是否要辭掉工作」「跟上司吵架了」等日常衝突的場景。

接著，請受試者用寫日記的方式，從第三者的觀點說明日常的煩惱。例如：「他煩惱著要不要辭掉工作，在人力銀行網站尋找條件更好的公司。」彷彿在說別人的故事般，把自己的決策過程寫出來。每篇日記花十五分鐘寫，一天一篇。

四週後，研究團隊請受試者做多個測驗，發現持續撰寫第三人稱轉職筆記的人，有顯著的變化。**用第三人稱書寫煩惱的實驗組，比較能夠從他人的觀點思考事物，從多個觀點中找出最佳對策。**

論文的主要作者伊格．葛羅斯曼指出：「我們發現，用第三人稱想像自己的決策，就能輕鬆地去除偏誤。運用這個方法，應該可以讓我們更有智慧地處理問題。」選擇適合的工作時，也試著用第三人稱記錄生活中的決定吧。

第三人稱轉職筆記能大幅提升找到最佳工作的機率

總結來說，第三人稱轉職筆記的做法如下。

①在一天結束的時候，用第三人稱把自己當天跟求職、換工作有關的所有決策都寫出來。

②至少花十五分鐘寫日記，文章大約兩個段落的長度。

日記的內容請務必包含下列要點：

- 做了什麼樣的決定？
- 做出那個決定的流程爲何？
- 以什麼根據做了那個決定？
- 希望那個決定可以帶來什麼結果？
- 你對自己的決定，有什麼樣的想法？

具體來說，如以下範例。

「服飾製造商透過逆向求職平台傳了訊息過來。『他』先在網路上查詢了那間公司，發現他們有部分產品是自有產線製造的。這點跟『他』重視多樣的想法接近，所以決定參加一日實習活動。『他』期望透過參加活動，確認那間公司是否多元化。參加活動的決定，讓事情有更進一步的進展，『他』覺得心情很好。」

「『她』對找新工作完全沒有頭緒，所以決定參加求職輔導團體主辦的工作坊，做自我分析。輔導團體建議『她』可以多強調學生時代曾選修過統計的事情，所以『她』以此爲基礎，寫了一份求職履歷表的草稿。雖然從中『她』得到了點成就感，但是那樣寫究竟是否正確，『她』似乎沒什麼自信……」

寫第三人稱轉職筆記有兩大好處，第一個好處是，**無法事後竄改決策的記憶**。人會把記憶竄改成對自己有利的樣子，比方說，只是在網路上稍微查查而已，實際去面試後發現是很棒的公司，但我們在之後會把記憶竄改成與事實相反，例如：

「這都是多虧了我詳細調查的結果。」放任這狀態持續下去，永遠無法提升找工作的準確度。

第三人稱轉職筆記的另一個好處則是，**決策模式明確**。事後閱讀日記，可以發現自己有某些傾向，例如「我好像總是對光鮮亮麗的產業有興趣」「我好像太過相信網路上的評價」等。比起粗糙的自我分析工具，第三人稱轉職筆記提供了可更深入觀察自己的機會。

我想應該不少人在求職時都會做記錄，或是寫求職筆記，但大部分都是記錄公司或說明會的氣氛、面試的問題和回答、自我分析等內容，很少人會記錄自己每天如何做決策。在你進行求職或換工作的相關活動時，請務必把決策過程記錄下來。

技法四：請朋友幫忙
——有事問朋友，就連自己能活到幾歲也問得出來

另一個改變觀點時不可或缺的條件，就是朋友的存在。親近的第三者對去除偏

誤的幫助最大。

心理學家約書亞·傑克森重新分析了一九三〇年代六百位男女性向測驗的數據後，發現了新的事實。那份數據包含了受試者五位好友的訪談紀錄，因此能夠比較受試者眼中自己的個性，以及朋友眼中受試者的個性的不同。

分析後得到的結果如下。

- 向朋友詢問受試者的個性，比受試者的自我描述要來得正確。
- 關於受試者的壽命，也是朋友的判斷較爲正確。

不只是人格，就連大概幾歲會死的問題，朋友的判斷都比本人的預測要精確得多。

組織行爲理論的研究也有類似的結論。實驗請一百五十位軍人評價直屬長官的能力，結果部下對上司領導能力的預測，比長官本人的預測還要準確。**我們常常覺得最了解自己的人就是自己，但實際上，我們對自己的評價一點也不準。**

而且更有趣的是，就連完全不認識你的陌生人，也有很高的機率能夠做出正確的評價。其中又以塔夫茨大學於二〇〇五年所做的實驗最爲有名。

實驗從美國頂尖企業擔任執行長職務的人中，分別挑選業績好的二十五人，以及業績不好的二十五人，然後給毫無關係的第三者看所有執行長的照片。結果有半數的受試者，都準確地評估出執行長的領導能力和業績的高低。

相似的調查還有很多，比方說，只給受試者看律師的大頭照，就可以正確判斷那個人能否飛黃騰達；從一般人的快照，就可以大致正確地指出他們的ＩＱ智力測驗成績。

雖然毫無關係的人能較準確地判斷一個人能力的原因不明，但總而言之，我們可以說第三者比較不會受到偏誤的限制。因此，做決策時，請一定要把別人的觀點納入考量。

「強連結」才是當前最強的求職工具

各位知道什麼是「弱連結」嗎？

這是社會學家馬克．格蘭諾維特在他的論文〈弱連結的力量〉中提出的理論，簡單來說，指的就是找新工作時，請偶爾才見面的朋友介紹最有效的現象。

格蘭諾維特針對過去五年曾換過工作的商務人士進行訪談，調查「找下一份工作時，什麼樣的資訊源最有幫助」。結果大部分人都是經由朋友或認識的人取得換工作的資訊，而其中有八三％的人，是透過上一份工作認識的公司外部者，也就是使用弱連結成功跳槽的。

大家應該很清楚，為什麼弱連結提供的資訊比較有用。

因為好友和同事這類「強連結」，跟當事者的生活環境接近，只能提供當事者已知的資訊。但是在聚餐上偶爾才會遇到的人或是遠房親戚，很可能過著跟自己不一樣的生活，因此從他們身上比較容易得到新資訊。

這個研究結果瞬間傳遍全世界，對商業世界帶來了極大的影響。在當今的求職工作坊，也經常以弱連結的重要性為宣傳，例如，「透過異業交流會或使用社群網站，拓展你『認識但不太熟』的人脈！」之類的標語便很常見。

或許是弱連結理論太過出名，其後也有不少相關研究，但是卻未獲得大家的關注。格蘭諾維特的研究是一九七〇年代進行的，不少內容已經不符合當前就業市場的狀況。

所以，讓我們來看看目前最新、最具有代表性的研究——人類學家伊蓮娜．葛珊於二〇一四年進行的調查。如同格蘭諾維特的研究，葛珊蒐集了三百八十位商業人士跳槽的案例，重新驗證弱連結在現代社會是否還重要。調查結果如下。

- 弱連結對找工作有幫助的案例占整體的一七％。
- 六〇％跳槽成功的人都回答好友和同事等強連結的幫助較大。

重視人與人之間的關係從以前到現在都沒變，但是在當代，好友、同事和上司這類身邊關係密切的人，對找工作比較有幫助。引起這種變化的原因很多，但最主要的原因應該是資訊發達吧。

過去找工作只能透過報紙廣告和徵才刊物，在這種狀況下，能否取得新資訊決定了成敗。但現在從求職網站或企業的官方網站就能輕鬆取得資訊，大大提升了找工作的效率，卻也產生了以下的新問題。

- 選項過多，容易三心二意、受到偏誤影響。
- 一個職缺有很多人應徵，難以跟其他競爭對手差異化。

想要解決這些當代的問題，依賴強連結是最好的方法。

如前述，關係越親密的對象，越能抓出我們的偏誤，而且如果可以得到同事或以前客戶的推薦，比較容易從眾多的競爭者中脫穎而出。就這個意義來說，在接觸求職網站或人力仲介之前，先跟比較親密的同事、上司和客戶商量，可以大幅提高跳槽成功的機率。

提高回饋效果的三大要點

了解朋友的重要性之後，讓我們來看看怎麼做才能夠正確取得回饋。單純跟朋友商量求職的煩惱已經很有幫助了，但如果能再掌握幾個要點，可以得到更好的效果。

①三百六十度回饋

三百六十度回饋是在企業界廣爲人知的方法。人事考核過去大多由主管進行判斷，但三百六十度回饋則是由同事、客戶、行政人員等各種不同的群體進行評估。

三百六十度回饋的效果，自一九五〇年代起便廣受好評，近年來除了企業端之外，也獲得學校、醫院和政府機關等組織的廣泛應用。朋友、上司、伴侶、父母、社區夥伴等，能夠取得的回饋來源越多元廣泛，越能夠提高選擇工作的準確度。

此外，美國研究機構羅明格公司的研究指出，評價者與被評價者之間的「交往時間長短」，會對回饋的準確度帶來影響。

- 跟交往時間約「一到三年」的對象商量的準確度最高。
- 跟交往時間「不到一年」的對象商量的準確度爲第二位。
- 跟交往時間約「三到五年」的對象商量的準確度最低。

會出現這種現象，是因爲交往時間太長，評價者受到私情的影響而不說眞話；而交往時間一年內，則應該是難以取得充足資訊所致。雖然這只是個概略的指標，仍可作爲取得他人回饋時的參考。

②封閉式問題

向別人徵詢跳槽的意見時，提出正確的問題非常重要。如果問開放式問題，例如：「你覺得這個工作怎麼樣？」「你對換工作有什麼想法？」這種範圍太大，對方根本無法提供適當的回饋。

這種情況必須使用以假設爲依據的封閉式問題，接著就讓我們來看看幾個例子。

「我覺得跳槽到那間公司，會比上一份工作更可以讓我發揮所長，你贊成嗎？」「我認爲像現在這份沒興趣的工作應該早點辭掉，這樣可以讓我更積極地找下一份工作，你反對嗎？」

像這種可以用是或否回覆的問題，對方比較容易回答。在做三百六十度回饋時，一定要提出具體的封閉式問題。

如果想不出問題，可以試著問自己：「想從這個決定得到什麼樣的結果？」這應該能幫助你設計出具體的問題。

③想像自己是好友

如果身邊沒有強連結，還有一個方法：**其實只要跟你大腦裡的朋友對話，某種程度上也能夠擺脫偏誤的影響**。

加拿大滑鐵盧大學的研究團隊，請受試者做了以下實驗。

「請想像，你現在的煩惱發生在好朋友身上。你的好友跟你有著相同的煩惱，請試著想像那位好友的心情。」

之後，研究團隊實施了多個心理測驗，確認所有受試者的判斷力，發現想像好友跟自己有相同煩惱的組別，與並未想像的組別相比，有較高的機率能夠做出冷靜且較爲綜合的判斷。他們從困難的問題中找出適當折衷點的能力提升了。

會出現這種現象，是因爲從好友的角度思考問題，問題就成了別人的煩惱。

我們之所以沒辦法好好處理自己的問題，就是因爲跟問題的距離太近，無法從客觀的角度看清楚問題的本質。然而，當你覺得這個煩惱是別人的，就可以從不一樣的角度去看目前的狀況，因爲意識從見樹不見林的狀態，切換成見樹也見林，讓思考重拾餘裕。這個方法的流程如下。

①選一個關於求職的煩惱（「是否該換工作」「應該到那間公司上班嗎」等）。

②想像①的煩惱發生在你最好的朋友身上。

③請試著想像，針對那個煩惱，你會給朋友什麼樣的意見。

這個介入策略非常簡單，卻能讓決策品質平均提升近二〇％。學會一個可以輕鬆去除偏誤的技巧，有益無害不是嗎？

最好騙的人，其實是我們自己

這一章說明了對尋找適合的工作時有幫助的除偏誤策略，但有趣的是，再怎麼強調這些策略的重要性，實際嘗試去除偏誤的人卻不多。大家都覺得自己的選擇是對的，忠言逆耳，不喜歡承認自己有偏誤很正常。

然而，如前面所說，**偏誤是所有人與生俱來的程式錯誤，沒有人不受偏誤影響**。

某個研究就指出，表現越出色的商務人士，避免偏誤影響決策的傾向越強，大約八〇%以上的人，會有意識地尋求他人的意見。另一方面，表現較不出色的商務人士，不到二〇%的人會留意偏誤的影響。

「最好騙的人，其實是我們自己。」愛德華．布爾沃－利頓的一句話一語道破，這同時也是科學上無可厚非的事實。如果不停止自己騙自己，從自我欺騙的惡性循環中逃脫的話，是永遠不可能找到適合自己的工作的。

3 第三人稱轉職筆記

每天花十五分鐘，用第三人稱把「跟找工作相關的決策」內容寫下來。

日記內容包含以下要點：

· 做了什麼樣的決定？
· 做出那種決定的流程爲何？
· 以什麼根據做了那個決定？
· 希望那個決定可以帶來什麼結果？
· 你對自己的決定，有什麼樣的想法？

4 請朋友幫忙

運用以下方法：

· 三百六十度回饋
· 封閉式問題
· 想像自己是好友

察覺所有人與生俱來的偏誤（扭曲的認知），
重新審視決策。

去除偏誤的四大技法

1　10／10／10 測驗

思考下列問題：
①做了這個選擇，十分鐘後會變成怎樣？
②做了這個選擇，十個月後會變成怎樣？
③做了這個選擇，十年後會變成怎樣？

2　事前驗屍

實行步驟：
①假定失敗
②探索原因
③想像過程
④思考對策

第五章

重建價值

——提高工作滿意度的七步驟

STEP

5

Engage in your work

「人生成功的祕訣，
不在於做自己喜歡的工作，
而是喜歡自己的工作。」

歌德（1749 年～ 1832 年）
德國詩人
Johann Wolfgang von Goethe
Poet, German

衡量工作滿意度的方法

「對工作沒什麼不滿，只是……」

在前面的章節，我們將選擇適合工作的準確度拉到了最高。剔除無法爲工作帶來幸福的要素，引進可以提高工作滿意度的要點，竭盡所能避開破壞幸福的因素，然後矯正扭曲的認知，避免尋找適合工作時做出錯誤決定……只要按照上述步驟，你的決策準確度一定會有所提升。

但人生的選擇，沒有所謂的「絕對」。再怎麼嚴謹地做事前調查，再怎麼有策略地縮小選項範圍，過程中一定會發生失敗。

大家都不喜歡失敗，但如果執著於過去花費的時間和勞力，就無法擺脫第182頁提到的沉沒成本陷阱。這時，只能把失敗當作是過去已經發生的事，選擇放棄，然後採取新的行動。

話是這麼說沒錯，但是，「選擇這個工作，眞的是正確的嗎？」要做這個判斷並不容易。

- 雖然沒什麼不滿，但同事一個個辭職，讓人感到焦慮……
- 我喜歡現在的工作，但是對工作的發展感到不安，很煩惱……
- 我就是不喜歡上司，其他沒什麼大問題……

如果公司是黑心企業的話，想都不用想，一定是趕快換工作最好。但是，「總覺得哪裡不適合」「不知道自己的選擇到底正不正確」，不少人應該都是因爲這種說不上來的不安，而感到煩惱。

面對這種情況，我們可以採取下列步驟。

①依據新的評價值，判斷職場的好壞。
②如果判斷的結果是「失敗」，就換工作。
③如果判斷結果是「沒有什麼不滿」，就把資源投注於問題的改善。

重新評估職場環境後，如果眞的無法忍受，就該考慮換工作；若沒什麼太大的問題，就把精力花在解決不滿上，這樣做比較有效率。

怎麼判斷現在的公司該不該繼續待下去？

「要繼續待在現在的公司嗎？」「選這間公司是正確的嗎？」面對這類煩惱，怎麼判斷才好呢？

這些問題很難判定，但組織行爲學的研究，提出了幾個能夠提高判斷準確度的方法。讓我們來看看幾個經典的技法吧。

①重新修改「層級分析法」的評價值

在判斷「這個工作正確嗎？」的問題時，使用第160頁的層級分析法非常有效。

做法很簡單，進入新公司之後，只要找出換工作前所做的層級分析，然後重新修改評價值就好。開始到新公司上班之後，依據新取得的資訊，修改層級二的數字。

比方說，如果新公司的主管比想像中還要討人厭，就降低「夥伴」的數值；相反的，若覺得工作的自主權比事先調查的要來得大，就提高「自由」的數值。然後，觀察綜合評價會怎麼變化，重新判斷目前的工作滿意度。

②使用「工作滿意度量表」

除了層級分析法之外，另一項很推薦的判斷法是「工作滿意度量表」（Job Satisfaction Scale）。工作滿意度量表是以世界各地所實施的滿意度研究為基礎開發而成的測驗，能夠用數字測量你現在從工作中獲得了多少幸福感。

此測驗的準確度已經獲得多次驗證，能夠正確地預測任何職務的工作幸福度。「現在的公司好嗎？」「現在的工作能讓我更幸福嗎？」如果你現在有這些煩惱，就試試工作滿意度量表吧，做了絕對有益無害。

測驗的內容請參見第220到第221頁，全部有六十四題，依據以下五個基準評分。

一分：完全不符合

兩分：不符合

三分：不清楚
四分：符合
五分：相當符合

【測驗分數的判斷方式】

完成所有評分後，★記號問題的分數請反轉計分（五分↓一分、四分↓兩分、三分↓三分、兩分↓四分、一分↓五分），然後加總所有的分數。

- **六十四～一百九十二分**：對目前的工作感到非常不滿。看看是否要換工作，或是使用第225頁的「工作形塑」，徹底改變現在的勞動環境。
- **一百九十三～兩百五十六分**：從現在的工作得不到太多的幸福感。請先實踐「工作形塑」三個月左右，觀察看看；如果仍然沒有改善，可以考慮換工作。
- **兩百五十七～三百二十分**：從現在的工作得到平均以上的幸福感。基本上可以說是很優良的公司，暫不需要考慮換工作，把資源投注在改善對職場的不滿，是比較聰明的選擇。

以上就是工作滿意度量表的判斷方式，這個測驗也可以作爲確認清單，於思考目前公司有哪些地方需要改進時使用。具體來說，測驗的問題對應的各個要點如下。

①對薪資和福利的滿意度：1、2、3、13～25。
②對勞動環境的滿意度：26～29、35～38、54、55。
③對職涯發展和升遷機會的滿意度：4～6、46、47。
④對上司及其領導能力的滿意度：8～10、60、61。
⑤對公司內部溝通的滿意度：31、32、58、59。
⑥對工作與生活平衡的滿意度：48～52。
⑦對公司人才培育制度的滿意度：41～44。
⑧對團隊和職場安心感的滿意度：56、57、63、64。

請分別計算各要點分數的平均值，以確認各要點的滿意度。簡單來說，平均值未滿三·五分的話，可以判斷該要點的滿意度較低；相反的，若平均值超過四分，目前來說該要點沒有什麼問題。

判斷工作幸福感的 64 個問題

1：我對自己勞動所得到的薪資覺得很合理。

2：我對年度調薪的方式感到滿意。

3：我對諸項津貼感到滿意。

4：目前公司所採用的升遷制度很公平。

5：工作表現是目前公司評估升遷時的要點。

6：我對自己也有升遷的機會感到滿意。

7：在目前公司獲得升遷的人，到其他公司應該也會獲得升遷。

8：現在的主管對我不公平。★

9：現在的主管對下屬漠不關心。★

10：現在的主管認為，開發下屬的能力是很重要的工作。

11：現在的主管做決策時，完全不會跟自己的下屬商量。★

12：現在的主管會讓我參與決策的過程，也會請我提出想法和建議。

13：我對目前可以從公司得到的好處感到不滿意。★

14：從目前公司得到的好處，跟從其他公司或組織得到的好處差不多好。

15：我從目前公司得到的好處，跟其他同事差不多。

16：我對目前公司或組織，針對員工發生問題或意外時提供的補償制度感到滿意。

17：我對公司提供的設備和消耗品感到滿意。

18：我對目前公司提供的員工餐，或是公司周邊的飲食環境感到滿意。

19：目前的公司注重員工的健康。

20：我對目前公司的通勤狀況感到滿意。

21：當我工作表現良好時，公司給予高度的認可。

22：公司對我的付出一點也不感謝。★

23：我不覺得自己的努力會獲得回報。★

24：當員工表現良好時，目前的公司有完善的獎勵制度。

25：目前公司的報酬和評價制度的運作很公平。

26：我喜歡一起工作的同事。

27：一起工作的同事能力低，使自己的工作量增加。★

28：跟同事相處的時間很快樂。

29：目前公司內部有很多紛爭和衝突。★

30：與主管和同事之間的人際關係良好。

31：組織內部的溝通整體來說良好。

32：我對工作分配的說明感到不滿。★

判斷工作幸福感的 64 個問題

33：不清楚組織的目標為何。★

34：常常不清楚組織內發生了什麼事。★

35：工作量太大。★

36：公司內大部分的規則會妨礙工作的進行。★

37：對目前的勞動環境大致感到滿意。

38：目前公司提供了工作所需的設備。

39：公司遵守法律訂定之勞動時間和休假規定。

40：公司的培訓和教育訓練增加了我的自信心。

41：目前公司提供了充足的職業訓練和新人訓練。

42：公司的培訓和教育訓練讓我工作更有幹勁。

43：公司的培訓和教育訓練提升了我的工作技能。

44：公司的培訓和教育訓練讓我能夠跟上社會的變遷。

45：公司的培訓和教育訓練使我的工作滿意度提升了。

46：目前公司提供了提升專業技能的機會。

47：目前公司提供了職涯發展很好的機會，我感到滿意。

48：目前的工作使我跟朋友、家人相處的時間減少了。★

49：我沒有私人時間，目前的公司沒有提供任何協助。★

50：現在的工作讓我無法獲得充足的睡眠、健康飲食，也沒有時間運動。★

51：我無從得知自己經手過的工作最後怎麼樣了。★

52：我不喜歡目前公司分配給我的工作，所以沒有什麼幸福感。★

53：公司主管和上司設定的工作期限太短，我覺得很有壓力。★

54：為達成組織的目標，所有的部門必須同心協力。

55：針對自己的表現，我可以自由地評價和提出意見。

56：我認為組織內部的溝通和團隊合作良好。

57：工作上獲得團隊成員充分的協助和鼓勵。

58：明確理解工作目標的內容和目的。

59：能清楚地說明自己的工作和職責。

60：公司主管非常願意讓下屬做決策。

61：公司主管願意讓我蒐集跟組織決策相關的資料。

62：我可以自由地決定所有任務的重要事項。

63：我覺得目前的公司是員工的後盾。

64：我覺得目前的公司不會隨便解雇人。

依據測驗的結果，是否換工作的決定權在你，但這個測驗能幫助了解工作幸福與否，建議大家要定期做測驗。

讓工作變成夢幻工作的行動計畫

透過「工作形塑」，翻新工作價值

使用層級分析法和工作滿意度量表後，發現目前的公司其實沒那麼糟的例子並不少見，例如：「雖然工作起來有點沒勁，但公司並不差。」「雖然不喜歡現在的工作，但還沒討厭到要換工作。」

這時，把精力投注在以下事情是最好的：「該怎麼改善現在的工作環境」「怎麼找出這個工作的價值」。把換工作納入考量當然也可以，但是把當下的資源拿去改善現況，會是更聰明的選擇。

關於改善現況，現階段最有效的方法就是「工作形塑」。工作形塑的研究始於二〇〇〇年代初，經耶魯大學的實驗認證，對提高員工幹勁有非常大的效果。

工作形塑的定義有點複雜，但簡單來說就是：

・依據價值觀，重新定義工作。

工作形塑的基本概念是，從看起來極爲乏味無趣的工作中，重新找出背後的深層意涵。

十七世紀的英國建築師克里斯多弗・雷恩的故事，可以清楚說明這個概念。

某天，克里斯多弗前往自己設計的聖保羅大教堂視察，並向現場的工人詢問：「你從事什麼樣的工作？」

針對這個問題，第一個工人回答：「我在切石頭。」第二個工人回答：「我的工作可以賺五先令又兩便士。」的確是那樣沒錯，但他又問了第三個工人同樣的問題，結果那位工人回答了完全不一樣的答案：「我在建造美麗的大教堂。」

如果把建築的工作只看作切石頭或領日薪的工作，就只會產生「我不過是個工人而已」的想法，要從中找出對工作的熱情，恐怕很難吧。但是如果把想法轉換成「我的工作是建造大教堂的一部分」，每天的任務都將成爲偉大價值觀的一部分，便能強化第二章談到的貢獻意識。

近年來，工作形塑的效果已獲得驗證，此技法能大幅提升工作的價值。聖路易斯大學於二〇一七年所做的統合分析，提供了現階段最準確的數據。研究蒐集了三萬五千六百七十名受試者的數據，用數字顯示出工作形塑對我們的工作帶來了多少影響，是非常重要的研究。

研究結果概述如下。

- **主動的積極行為增加**：r = 0.509
- **積極解決身邊問題的表現增加**：r = 0.543
- **處理工作的態度變得主動積極**：r = 0.450

上述數值爲相關係數，爲這類研究提供了相當有力的證據。簡單來說，這些數值代表的意義是，利用工作形塑有非常高的機率可以大幅提升工作幹勁。

研究工作形塑的知名心理學家珍．達頓評論道：「現代工作非常體制化，它試圖將各種不同類型的人，塑造成同一個形狀，會覺得工作枯燥乏味也是理所當然的。但任何一種職業，只要依據價值觀重新定義工作，都可以找到其背後的深層意涵。」

如果你現在有這樣的煩惱：「我對現在的工作沒什麼不滿，但這樣下去真的好嗎……」工作形塑就很值得你嘗試。重新定義眼前的工作，翻新你的工作價值。

工作形塑的七個步驟

那我們就來看看工作形塑要怎麼做。方法有好幾種，這裡以前面統合分析證實有效的基本版爲例。

（1）工作形塑前的樣貌

先從分析目前的工作結構開始。請把你的工作內容，如第227頁圖示，以方塊的方式畫出來。

如果某項工作內容需要較多的時間跟精力，就把方塊畫大一點；如果所需時間跟精力較少，就把方塊畫小一點。畫完所有的方塊之後，請計算每個方塊所需時間和精力的比例，比例總計爲一〇〇%。

很少人能掌握自己每天花了多少比例的時間和精力在不同的工作上，因此，這項作業能幫助我們找出問題，例如：「明明是很重要的工作，卻沒花多少時間在上頭……」「花太多精力在沒什麼影響力的工作上……」掌握現狀是重要的第一步。

(2)審視工作形塑前的樣貌

請看著你寫下來的工作形塑前的樣貌，思考以下三個問題。把想到的答案寫成一到兩篇短文，記錄在筆記本上。

①跟剛開始做的時候相比，現在的工作所花費的時間和精力，在比例上有什麼變化嗎？

例：「工作的內容沒有明顯的變化，但花在寫報告的時間比以前多。」

工作形塑前的樣貌

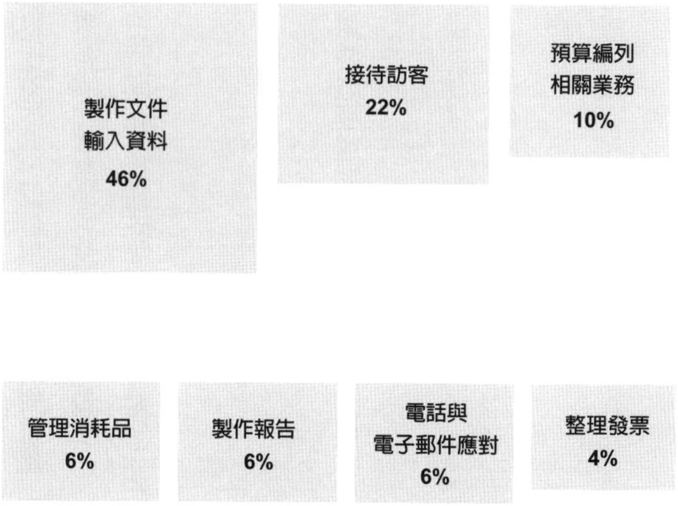
製作文件
輸入資料
46%
接待訪客
22%
預算編列
相關業務
10%
管理消耗品
6%
製作報告
6%
電話與
電子郵件應對
6%
整理發票
4%

②你對目前工作的時間和精力比例分配，有何想法？爲什麼會那樣覺得？

例：「花太多時間在製作文件上，但這項作業明明對整體工作的影響不大。」

③看了工作形塑前的樣貌之後，什麼地方讓你感到吃驚？

例：「我以爲自己想把時間花在接待訪客上，但實際上花的時間卻不多，讓我很驚訝。」

(3) 選出動機與偏好

接著，讓我們來看看，你要怎麼選擇工作的「動機與偏好」。動機與偏好的意思概述如下。

- **動機**：你想透過工作，實現什麼樣的價值觀？如果自己的生活不愁吃穿，是什麼想法讓你選擇工作？
- **偏好**：工作時，你希望可以發揮什麼能力和技能？你想透過怎樣的行動，實現什麼樣的價值觀？

這兩個要素都可以運用直覺來思考。人的價值觀和偏好依據不同的狀況而不斷變化是很正常的，所以請選擇你現在認爲最適合自己的動機和偏好。

如果沒有任何想法的話，請依據以下清單，挑選最有感覺的項目。動機和偏好的數量沒有限制，但建議挑選三到四個就好。

◎**動機**

追求自由、成長、追求快樂、獲得成就感、追求權力、取得安全感、與周遭和平相處、守護傳統、提高影響力、提高修養、助人、指引他人、總之先做了再說、想創造出新事物。

◎**偏好**

判斷力、深思熟慮、創意、睿智、專業性、學習力、耐心、注意力、誠實、活力、心胸寬大、交際手腕、有品味的興趣、樂觀、幽默、井然有序。

（4）課題形塑

接著在課題形塑這個步驟，我們要做的是改變每日課題的「責任範圍」。比方說，如果廚師認爲自己的職責是提供餐點，就將責任範圍轉換爲製作一道美味的料理，增加他人用餐的喜悅；如果巴士司機認爲自己的職責是駕駛車輛，就將想法轉變成提供民眾維繫生活所需之交通服務。

課題形塑的重點在於，用新的詞彙，重新定義自己對工作的想像。

具體做法是，參考前面（2）審視工作形塑前的樣貌，將挑選出來的動機和偏好分配到工作形塑前的樣貌之各方塊（請參考左頁圖）。「這個動機和偏好，可以應用在什麼任務上呢？」「什麼任務跟這個動機和偏好有關呢？」思考這類問題，能幫助你釐清思緒。

這裡最重要的地方是，把「你想將這些任務變成什麼樣子」的問題想得透澈。以左頁圖爲例，關於「接待訪客」這個任務，對某人來說，轉換成「從與他人的溝通中追求樂趣」是最好的；對另一個人來說，轉變爲「與他人交換資訊，獲得學習機會」，可以提升工作幹勁。

又或者像製作文件這個任務，有些人能夠從彙整資訊中感受到工作的價值，也

課題形塑

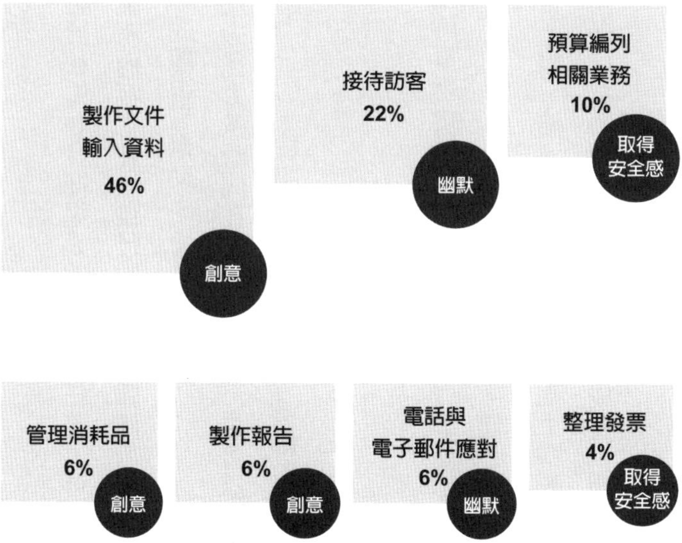
製作文件
輸入資料
46%
創意
接待訪客
22%
幽默
預算編列
相關業務
10%
取得
安全感
管理消耗品
6%
創意
製作報告
6%
創意
電話與
電子郵件應對
6%
幽默
整理發票
4%
取得
安全感

有人認爲藉由思考新的文件製作方法，能夠滿足自己的創作欲。一切都取決於你，請盡可能從自己的角度來思考。

如果想到其他可以讓動機和偏好發揮更大效用的新任務，可以追加到工作形塑前的樣貌。「除了現有的業務內容之外，自己的動機和偏好，還可以應用在什麼樣的事情上？」仔細思考這類問題很有幫助。

此外，如果覺得自己過去花太多時間在製作文件上，也可以試著調整各方塊的比例。思考理想的時間與精力分配，按照需求調整方塊，重新形塑課題。

(5) 關係形塑

在關係形塑這個步驟，將重新建構與公司同事、上司和外部客戶之間的關係。長期待在同個工作環境，組織內部的人際關係很容易僵化。明明應該要跟團隊以外的製作人或設計師商量才對，卻連那個選項的存在都未察覺到，這種情況並不少見。爲了讓組織發揮原本就具有的潛能，同時讓自己成長，我們必須重新思考很多事情。

在進行關係形塑時，針對工作形塑前樣貌中的每個方塊，思考進行這項作業時誰是關鍵人物，然後如第235頁的圖示，將改善與對方關係的方法，寫在所有任務上。

如果想不到重要人物是誰，可以試著問自己以下問題。

- 進行這項作業時，誰最有影響力？
- 進行這項作業時，誰可以獲得最多的利益？

想到重要人物之後，請不斷地問自己：「如果想增進跟此人的關係，該怎麼活用自己的動機和偏好？」寫下概略的改善計畫。

(6) 認知形塑

在認知形塑這個步驟要進行的作業是，改變你面對每日任務的心態。改變自己對工作的看法，讓無趣的日常工作變得有意義。

具體做法就是，如第235頁圖示，將工作形塑前樣貌的各方塊分類，然後從你的角度出發，幫各分類設定「功能」。

- 這些任務有助於達成組織或自己較大的目標嗎？
- 對達成更高層次的目標或價值觀有幫助嗎？

好好思考上述問題，試著想出最符合分類的功能。

以左頁圖爲例，把所有跟文書相關的任務歸爲同一類，並將其功能設爲「爲組織順利運作打基礎」；然後把其他跟人際關係有關的任務分成一類，並將其功能設爲「提升組織的形象」。

基本上，任務方塊請按照自己的喜好分類。拿此例來說，你也可以把「接待訪客」和「製作報告」分成一類，然後將此類的功能設爲「作爲磨練自己溝通能力的手段」。

如果想不到怎麼分類，就把所有的任務方塊都歸爲一類，然後設定一個較大的功能，例如「提升組織整體的幸福」或是「徹底發揮所長」等。選一個跟感覺最貼近的功能就對了。

認知形塑

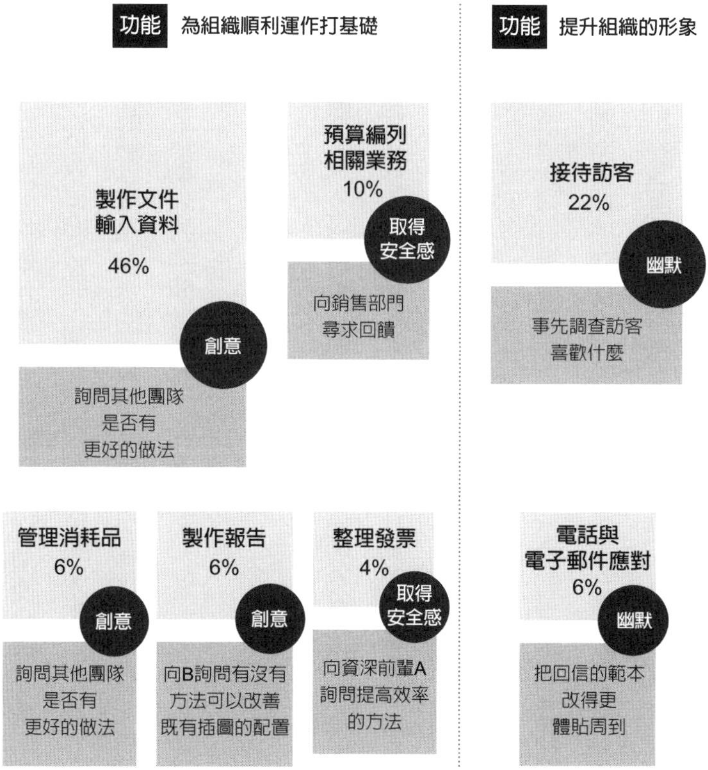
功能 為組織順利運作打基礎
功能 提升組織的形象
製作文件
輸入資料
46%
創意
詢問其他團隊
是否有
更好的做法
預算編列
相關業務
10%
取得
安全感
向銷售部門
尋求回饋
接待訪客
22%
幽默
事先調查訪客
喜歡什麼
管理消耗品
6%
創意
詢問其他團隊
是否有
更好的做法
製作報告
6%
創意
向B詢問有沒有
方法可以改善
既有插圖的配置
整理發票
4%
取得
安全感
向資深前輩A
詢問提高效率
的方法
電話與
電子郵件應對
6%
幽默
把回信的範本
改得更
體貼周到

（7）行動計畫

最後要思考的是接下來應該採取什麼具體行動。依據前面步驟完成的工作形塑圖，思考怎麼做可以達成你設定的功能，把做得到的事情寫下來。

思考行動計畫時，請試著填寫左頁的工作單。這是伊利諾大學為提高員工的參與度而開發的表單，能夠幫助你打造明確提升工作價值的行動計畫，以及思考過程中可能會發生什麼問題。

工作形塑的基本步驟如上。之後請按照行動計畫，按部就班地翻新每天的工作。只要行動計畫能夠讓你設定的「功能」發揮作用，任何策略都可以得到效果。

比方說，在心理學家亞當·格蘭特參與的研究當中，他讓某間大學客服中心負責籌募資金的專員意識到「救助付不出學費的學生」這個功能，然後請他跟接受獎助的學生會面。結果，持續此行為的專員，與潛在捐款者的電話約訪時間增加了一四二％，大學最終得到的捐款收益提升了四〇〇％。之所以會有這個現象，可能是因為實際跟接受獎助的學生見面之後，救助付不出學費的學生這項功能發揮了作用。

1：為了實現工作形塑圖，可能的具體行動方案為何？

1-a：從現在到下禮拜這段期間，可採取哪些行動？

把願意針對資料輸入方法提供新意見的人，列成一份名單。

把寄給顧客的自動回覆郵件內文，修改得更有溫度。

使用新的繪圖軟體，製作報告用的新插圖。

1-b：從現在到下個月這段期間，可採取哪些行動？

整理過去的常見問題與回答，建立資料庫。

把不同部門的銷售報告統整成一個表格。

把重要客戶的興趣和嗜好條列出來。

2：為了完成好的工作形塑圖，試著列出三個願意幫忙的人。他們願意提供什麼樣的協助？

下個週末請資深前輩 A 幫忙確認業務改善指南。

明天向設計師 B 請教如何使用插圖製作軟體。

下星期拜託企畫 C 確認工作流程圖。

3：在實踐工作形塑圖的過程中，可能會出現什麼樣的困難和障礙？為了避開那些困難和障礙，可以使用什麼策略？

3-a：具體來說會有什麼樣的困難和障礙？

花太多時間在改善上，可能使製作文件的時間減少。

跟其他部門之間的聯絡突然增加太多，可能使上司對自己的印象變差。

新的報告製作方式需要一點預算，但預算申請可能過不了關。

3-b：發生上述困難和障礙時，該採取什麼策略來克服？

預先設定花在工作形塑上的時間上限。

向周遭人宣傳工作形塑的方法，尋找志同道合的夥伴。

詢問其他部門是否有不使用預算就可大致達成目標的方法。

同樣的，如果希望自己對組織或社會有所幫助，請試著思考採取什麼樣的行動可以發揮功能。你的工作價值一定會有所改變。

確認行動計畫是否有效的二十一個問題

工作形塑不是只要訂定出行動計畫就結束了。**我們必須定期確認，那些行動是否真的能提升工作幸福度，若計畫訂定有誤，就必須修正。**

這時，「工作形塑量表」就很有幫助。量表原使用於歐美，能夠用數值確認你是否正確實踐了工作形塑。

其準確度已獲得充分的證實，二〇一六年以九百七十二位日本商務人士爲對象的調查，也證明了使用此量表可以正確判斷工作形塑的成功機率。如果想正確地提升工作價值，請利用工作形塑量表測量一下計畫的效果。

測驗內容請參考第241頁。全部有二十一題，依據以下五個基準評分。實行了行動計畫後，請思考你在職場上的行爲有無改變，選擇最符合情況的選項。

一分：從未
兩分：偶爾
三分：有時
四分：經常
五分：總是

【測驗分數的判斷方式】

所有問題都評分了之後，請加總以下問題區間的分數，分別計算出平均值。

- 第一～五題
- 第六～十一題
- 第十二～十六題
- 第十七～二十一題

各問題區間反映了以下要點。

• **第一～五題：提升結構性的工作資源。**「是否有意識地努力提高自己的能力，將技能應用在工作上？」

• **第六～十一題：降低妨礙性的工作要求。**「能否控制負面情緒，避免跟容易產生負面情緒的人來往？」

• **第十二～十六題：提升人際關係相關的工作資源。**「跟上司和同事之間是否建立了良好的工作關係？」

• **第十七～二十一題：提升挑戰性的工作要求。**「面對有點難度的工作，能否積極地想辦法處理？」

請參考以上要點，並思考「會覺得現在的工作無聊，是因爲什麼要素不足所致？」「改善什麼要素，可以讓工作更快樂呢？」等問題。

找到改善點之後，再次進行工作形塑，思考可以補強弱點的行動計畫。

順帶一提，工作形塑量表的平均分數如下。

工作形塑量表

1：我想增進自己的能力。

2：我想提高自己的專業能力。

3：我想從工作中學習新事物。

4：我會注意讓自己的能力發揮至最大極限。

5：我決定自己工作的做事方式。

6：我會避免在工作上花太多精力去思考。

7：我會注意不要因為工作使情緒太過緊張。

8：工作時，我會盡可能減少跟情緒管理有問題的人來往。

9：我會調整自己的工作，盡量少跟總是提出無理要求的人來往。

10：我會調整自己的工作，讓自己不用經常做困難的判斷。

11：我會調整自己的工作，讓自己不用一直長時間集中精神。

12：我會向上司要求指導。

13：我會詢問上司對我的工作表現是否滿意。

14：我想跟上司學習，尋求工作上的啓發。

15：我會向別人尋求工作成果的回饋。

16：我會尋求同事的建議。

17：出現有趣的企畫時，我會積極地表達參與的意願。

18：當工作上有新的技術和知識突破時，我會趕緊調查，自己也來嘗試看看。

19：如果現在的工作內容，是過去從來沒有做過的，我將之視為展開新案子的機會。

20：即使金錢上的報酬沒有增加，我也會積極地完成分外工作。

21：我會思考職責的各種關係，並認為自己的工作非常值得挑戰。

• 第一～五題：二・八分
• 第六～十一題：二・一分
• 第十二～十六題：一・八分
• 第十七～二十一題：二・一分

只要超過這些數值，就目前來說，你對工作的積極度便在平均值之上。

測量完之後，接下來是要繼續發揮所長，還是補足不足之處，全部由自己決定。

但是請一到三個月左右就做一次工作形塑量表，定期掌握自己的狀況。

工作形塑的兩大弱點

世上不存在完美的技巧。工作形塑是讓我們對無趣的工作產生熱情的最佳方法，但是它也有黑暗的一面。在翻新工作價值時，一定要留意以下兩點。

①不要過度增加熱情和目的

雖然工作形塑的重點在增加對工作的熱情和目的，但過頭也會引發問題。其中最常發生的就是，翻新課題做得太開心，使行動計畫變得太過龐大。工作形塑讓人重新燃起對工作的熱情和目的，這點很好，但是它也很容易讓我們太過埋首於工作，壓力大增，最後燃燒殆盡，變成過勞。

在工業心理學領域，對工作越熱情的人越容易燃燒殆盡的狀況本來就廣爲人知。任何人都可能過勞，其中又以有高度目的、熱中於工作的人最容易發生。以三千七百一十五名商務人士爲對象的研究指出，工作目標高的高階主管、醫師、教師等職業，剛開始工作時幸福度高，但是隨著年資增加，容易出現壓力暴增、憤怒和不安等情緒增加的情況。

心理學家大衛·懷特塞德便指出，對自己的工作有責任感，確實可帶來好處，但同時也容易長期過勞。因爲對工作充滿熱情，使得每天的任務增加，導致工作與生活失衡。

在世界衛生組織的定義裡，工作過勞有以下三大特徵。

①對工作失去幹勁。
②對工作產生負面情緒和不信任感。
③工作效率明顯降低。

進行工作形塑後，如果出現類似徵兆，請立即修改你的行動計畫。對工作的熱情請務必小心適當地使用。

②小心被工作價值壓榨

被工作價值壓榨指的是，用不合法的低廉薪資，要求對工作充滿熱情的員工做很多事。

工作價值壓榨發生於世界各地，根據奧克拉荷馬州立大學的統合分析，對工作越充滿熱情的員工，越容易被迫提供長時間的無給薪勞動，或是被迫去做跟原本業務無關的行政工作或打掃辦公室。

發生這類現象的原因很簡單，這是由「壓榨充滿熱情的人也沒關係」這種無意識產生的偏誤造成的。前述的統合分析訪談許多受試者，發現了以下傾向。

- 對於藝文界和社工這類有很多熱愛工作之人的業界，大部分的人都表示：「他們這麼熱愛工作，願意在勞動環境差的地方工作也很正常。」
- 對於沒熱情、卻在環境惡劣地方工作的人，很多人認為能在那麼糟糕的環境工作，可見那個人一定有什麼強烈的動機吧。

也就是說，大部分的人都有這類偏誤：不僅覺得熱中於工作的人被壓榨很正常，還認為在黑心企業工作的人是「自己選的沒辦法」。

一份以一百五十七家動物園為對象的研究顯示，平時有意識地提高工作價值、努力工作的人，他們的薪水比其他同事低，而且容易被迫去做跟業務無關的分外工作。透過工作形塑提高對工作的熱情，容易遭到企業濫用。

如第二、三章談到的職場不公平，是降低幸福感的重要因素之一，這是真的，所以千萬不要用工作形塑來提高工作熱情，繼續待在黑心企業。

現在的工作好嗎？感到不安時，就來測量一下你對現況的滿意度。
視情況，調整工作價值。

衡量工作滿意度的兩種方法

1 重新修改「層級分析法」的評價值

2 使用「工作滿意度量表」

提高工作滿意度的行動計畫

1 工作形塑前的樣貌

2 審視工作形塑前的樣貌

3 選出動機和偏好

4 課題形塑

5 關係形塑

6 認知形塑

7 行動計畫
→實行後，用「工作形塑量表」確認效果

後記

「AWAKE」爲人生重大抉擇做決定，其他的就交給命運

本書由一長串的步驟組成，內容提到了相當多的技巧，於實踐時不少人可能會感到有些疑惑。

所以在最後，想簡單整理一下「AWAKE」的重點。當你實踐書中的技巧而感到困惑時，請查看以下摘要，思考一下「我現在在做什麼？」和「應該先使用哪一個技巧？」等問題。

◎步驟一：從幻想中清醒（Access the truth）

第一章提到的「七大迷思」（第36頁），囊括了我們尋找適合的工作時容易陷入的陷阱。我們很難完全擺脫這些成見，找工作時恐怕還是會被喜歡或覺得輕鬆的

工作所吸引，所以只要一有機會，就請反覆閱讀七大迷思。

◎步驟二：拓展未來（Widen your future）

此章提到的技巧當中，「八個問題」（第128頁）最能夠拓展未來的可能性。掌握好「七大美德」（第89頁），至少一定要實踐這八個問題。

不過，在還沒找到工作的大致方向時，可以使用「美德注意力」（第123頁），概略想像一下未來的工作。

◎步驟三：除害（Avoid evil）

此章將「層級分析法」（第160頁）視爲最強的工具，但如果處於還沒有要做決定的初步階段，請先使用「矩陣分析」（第155頁），將目前的候補名單縮小範圍看看。在縮小範圍的過程中，當然別忘了要把「職場的八大惡事」（第149頁）考量進去。

◎步驟四：察覺偏誤（Keep human bias out）

想認眞處理偏誤問題時，推薦使用「第三人稱轉職筆記」（第195頁）。第三人稱轉職筆記可以作爲求職的基本工具，幫助我們以客觀的方式觀察自己的決策。

另外還有獲得許多研究支持的技巧：「三百六十度回饋」（第205頁）、「事前驗屍」（第190頁）。你可以以這兩個方法爲主，並視喜好搭配「10／10／10測驗」（第186頁）、「想像自己是好友」（第207頁）等方法使用。

◎步驟五：重建價值（Engage in your work）

在最後一個步驟，定期（如三個月一次）做「工作滿意度量表」（第217頁），隨時審視自己的工作。然後依據結果隨時進行「工作形塑」（第225頁），調整工作價值。

以上是「AWAKE」的重點整理。透過以上步驟，你的決策力一定會有所提升，找到適合工作的機率大幅成長，最後人生的幸福度也會跟著提升。

不過，有一點希望大家要注意：即使「AWAKE」做得再完美，對職涯感到不安的瞬間還是會再次到來。

實踐「AWAKE」，的確能提高人生的成功率，但尋找適合的工作沒有唯一的正確答案。如前面第一章所介紹，再怎麼厲害的專家，預測未來的準確度就跟擲硬幣差不多；使用再怎麼細緻的分析法做職涯規畫，運用再怎麼優秀的決策工具，也一定會遇到失敗和挫折。

雖然沒有可以一次解決所有問題的仙丹，但目前有個方法很有幫助，那就是「職涯漂流」（career drift）的概念。職涯漂流是神戶大學金井壽宏教授所提出，以下述要點為基礎。

①人生是無法預測的連續事件，事情很少能按計畫進行。

②因此，針對自己的職涯，與其事先把細節都決定好，不如決定大概的方向就好。

③大致決定好方向，之後只要靈活應對人生中的偶然和不可預期的事，不斷累積經驗就可以了。

也就是說，既然人生無法預測，就不要試圖拙劣地控制人生，只要決定一個大概的方向，剩下的就交給上天決定。

不需要借助數據，也可以知道這個想法是正確的吧。

如果身處終身雇用和年資論酬等制度仍通行的時代，當然另當別論，但是在ＡＩ普及和景氣惡化的現代，每幾年市場就會產生變化，職涯規畫做得再鉅細靡遺也不可能行得通。

而且只要狀況一改變，就會產生疑問：「這個計畫眞的是對的嗎？」對自己的職涯也越來越感到不安。既然什麼也做不了，當然就交給上天決定。

史丹佛大學教授約翰．克倫伯特茲就推估：「職涯的八〇％，其實決定於意想不到的事情。」職涯選擇只有不到兩成是按計畫進行，剩下的八成都是受到意想不到的偶然，以及預期之外事件的影響。雖然這個比例在不同的國家和時代會有所不同，但是在未來充滿不確定性的現代，「偶然」絕對是越來越重要。

彙整前面所述，人生漂流的過程如下。

①面對人生的重大抉擇，使用「ＡＷＡＫＥ」五步驟做決策。

②其他就交給上天決定，把精神集中在每天的任務上。

這裡所謂的重大抉擇指的是，求職、換工作、結婚、生病、生產等必須改變過去的生活，重新調整人生目標的時刻。面臨那些人生重大抉擇時，利用「ＡＷＡＫＥ」五步驟，提高選出正確選項的機率，然後只要慎重做出選擇，剩下的就交給命運吧。與其每天煩惱「自己到底想做什麼工作」或「對我來說，真正適合我的工作是什麼」等問題，不如某種程度交給命運，可以活得比較幸福快樂。

並非毫無計畫每天只知享樂，亦非一味地追求最佳工作的幻影，而是謹慎地思考眼前的選項之後，把剩下的交給上天安排。「盡人事，聽天命」就是職涯選擇正確的態度。

如果在今後的人生路上你又對未來的工作感到不安，請務必把「ＡＷＡＫＥ」五步驟拿出來試試。如果那樣做可以稍微減輕你每天的負擔，那再好不過；如果能夠減少一些人生的後悔，則是非常值得高興的事。

最後祝大家平安幸福。

Eurasian Publishing Group 圓神出版事業機構 方智出版社 Fine Press
www.booklife.com.tw reader@mail.eurasian.com.tw
生涯智庫 191
換個工作，更好嗎？：用科學數據找到幸福最大化的職業
作　　者／鈴木祐
譯　　者／謝敏怡
發 行 人／簡志忠
出 版 者／方智出版社股份有限公司
地　　址／臺北市南京東路四段50號6樓之1
電　　話／（02）2579-6600 · 2579-8800 · 2570-3939
傳　　真／（02）2579-0338 · 2577-3220 · 2570-3636
總 編 輯／陳秋月
副總編輯／賴良珠
主　　編／黃淑雲
責任編輯／胡靜佳
校　　對／胡靜佳 · 黃淑雲
美術編輯／林韋伶
行銷企畫／陳禹伶 · 王莉莉
印務統籌／劉鳳剛 · 高榮祥
監　　印／高榮祥
排　　版／杜易蓉
經 銷 商／叩應股份有限公司
郵撥帳號／18707239
法律顧問／圓神出版事業機構法律顧問　蕭雄淋律師
印　　刷／祥峰印刷廠
2021年5月　初版

定價300元　ISBN 978-986-175-592-2

既然沒人知道未來會發生什麼事，
正確選項就不存在，
我們只能找到較佳的選項。
——《不會做決定，你就一輩子被決定》

國家圖書館出版品預行編目資料

換個工作，更好嗎？：用科學數據找到幸福最大化的職業／鈴木祐 著；謝敏怡 譯 .-- 初版 .-- 臺北市：方智出版社股份有限公司，2021.05
256面；14.8×20.8公分 --（生涯智庫；191）

ISBN 978-986-175-592-2（平裝）

1. 就業 2. 生涯規劃

542.77 110003731